INSTRUCTION GÉNÉRALE

SUR LE SERVICE

DES CHEMINS VICINAUX.

MINISTÈRE DE L'INTÉRIEUR.

INSTRUCTION GÉNÉRALE

SUR LE SERVICE

DES CHEMINS VICINAUX.

MODÈLES.

PARIS.

IMPRIMERIE NATIONALE.

1870.

1871

TABLE DES MODÈLES

A L'APPUI

DE L'INSTRUCTION GÉNÉRALE SUR LE SERVICE DES CHEMINS VICINAUX [1].

TITRE II.

CRÉATION ET RÉPARTITION DES RESSOURCES.

(1) Lorsqu'on en reconnaîtra l'avantage, on pourra faire imprimer plusieurs formules sur la même feuille.

MODÈLES.

TITRE II.

CRÉATION ET RÉPARTITION DES RESSOURCES.

MINISTÈRE
DE L'INTÉRIEUR.

DÉPARTEMENT
d

SERVICE VICINAL.

MODÈLE N° 1.

Art. 64
de l'Instruction générale.

Art. 62 du Règlement.

Format : 0m,21 sur 0m,31.

CHEMINS DE GRANDE COMMUNICATION ET D'INTÉRÊT COMMUN.

ÉTAT DES CONTINGENTS

A DEMANDER AUX COMMUNES POUR COUVRIR LES DÉPENSES DE L'ANNÉE 187 .

1° CONTINGENTS PAR CHEMIN.

NUMÉROS DES CHEMINS.	LONGUEURS PROBABLES AU 31 DÉCEMBRE 187 ,			DÉPENSES PRÉVUES POUR 187 .				NOMS DES COMMUNES.	CONTINGENTS DEMANDÉS			OBSERVATIONS.
	à entretenir.	à réparer.	restant à construire.	Entretien.	Réparations.	Construction.	Totales.		sur revenus ordinaires.	sur centimes spéciaux et prestations.	TOTAUX.	
1	2	3	4	5	6	7	8	9	10	11	12	13

2e CONTINGENTS PAR COMMUNE.

NOMS DES COMMUNES.	RESSOURCES COMMUNALES.			CONTINGENTS POUR LES CHEMINS DE GRANDE COMMUNICATION.				CONTINGENTS POUR LES CHEMINS D'INTÉRÊT COMMUN.				TOTAUX DES CONTINGENTS DEMANDÉS À CHAQUE COMMUNE.		OBSERVATIONS.
	Revenus ordinaires disponibles.	Produit annuel de trois jours et de cinq centimes.	Valeur des deux tiers de ce produit.	Numéros des chemins.	Sur les prestations et les centimes.	Totaux par commune.	Sur les revenus ordinaires.	Numéros des chemins.	Sur les prestations et les centimes.	Totaux par commune.	Sur les revenus ordinaires.	sur les prestations et les centimes.	sur les revenus ordinaires.	
1	2	3	4	5	6	7	8	9	10	11	12	13	14	15

Dressé et présenté par l'agent voyer en chef.

A , le 187 .

ARRÊTÉ DU PRÉFET FIXANT LES CONTINGENTS.

Le Préfet du département d

Vu les articles 6 et 7 de la loi du 21 mai 1836;

Vu le règlement général sur les chemins vicinaux, en date du

Vu les délibérations du conseil général, portant désignation des communes intéressées aux chemins de grande communication et d'intérêt commun;

Vu les arrêtés antérieurs à la loi du 18 juillet 1866, désignant les communes intéressées aux chemins d'intérêt commun alors classés;

Vu les propositions de l'agent voyer en chef contenues dans l'état qui précède,

Arrête :

Art. 1er. La part contributive, pour 187 , des communes intéressées aux chemins de grande communication et à ceux d'intérêt commun du département est fixée, pour chaque commune et pour chaque chemin, aux sommes inscrites dans les colonnes 6, 8, 10 et 12 du tableau qui précède.

Art. 2. Extrait du présent arrêté sera notifié au conseil municipal de chaque commune, avec mise en demeure de délibérer sur les moyens de couvrir les contingents assignés à la commune. Avis sera donné auxdits conseils, qu'en cas de refus ou de négligence de leur part de voter les ressources nécessaires, il y serait pourvu d'office, conformément à l'article 5 de la loi du 21 mai 1836.

Art. 3. Les délibérations des conseils municipaux seront transmises à la préfecture, par l'intermédiaire des sous-préfets, dans les quinze jours qui suivront la clôture de la session.

Fait à , le 187 .

Le Préfet,

MINISTÈRE
DE L'INTÉRIEUR.

DÉPARTEMENT
d

ARRONDISSEMENT
d

CANTON
d

SERVICE VICINAL.

COMMUNE d

MODÈLE N° 2.

Art. 65
de l'Instruction générale.

Art. 63
du Règlement.

Format : 0m,21 sur 0m,31.

Situation des chemins vicinaux ordinaires au 31 décembre 187 .
Dépenses à faire et ressources à créer pour 187 .
Propositions pour l'emploi du reliquat de 187 .

1° SITUATION.

NUMÉROS ET DÉSIGNATION DES CHEMINS.	SITUATION AU 31 DÉCEMBRE 187 . — LONGUEURS — à l'état d'entretien complet.	à l'état de viabilité.	en construction.	en lacune.	TOTALES.	DÉPENSES à faire pour terminer chaque chemin.	DÉPENSES PROBABLES pendant l'année courante pour construction ou grosses réparations.	DÉPENSES qui RESTERONT à faire au 31 décembre prochain. — Différence des col. 7 et 8.
1	2	3	4	5	6	7	8	9
Réseau subventionné..........								
Réseau non subventionné.......								
TOTAUX..............								

2° DÉPENSES A COUVRIR.

1° Contingents des chemins de grande communication et d'intérêt commun fixés par arrêté préfectoral en date du 187 .

	CHEMINS DE GRANDE COMMUNICATION NUMÉROS				CHEMINS D'INTÉRÊT COMMUN NUMÉROS				TOTAL PAR NATURE de ressource.
Sur les revenus ordinaires....................									
Sur les prestations et les centimes spéciaux ordinres.									
TOTAL par chemin...........									
TOTAL GÉNÉRAL à reporter....................									

2° *Dépenses à faire en 187 , sur les chemins vicinaux ordinaires.*

	LONGUEUR à ENTRETENIR. 1	DÉPENSES POUR ENTRETIEN. 2	TRAVAUX NEUFS ou de grosse réparation. 3	INDEMNITÉS de terrain. 4	DÉPENSES TOTALES. 5
Réseau subventionné					
Réseau non subventionné					
Crédit spécial pour cantonnier					
Total des dépenses à faire sur les chemins vicinaux ordinaires					

3° *Dépenses générales.*

		DÉPENSES TOTALES
Remboursement d'emprunts et intérêts		
Frais généraux, personnel, remises, frais de confection de rôles, etc.		
Report des contingents des chemins de grande communication et d'intérêt commun		
Total général des dépenses à couvrir en 187		

Ces dépenses pourront être couvertes au moyen des ressources ci-après déjà créées ou à créer en 187 .

	RESSOURCES DÉJÀ VOTÉES. 1	RESSOURCES PROBABLES. 2	RESSOURCES À VOTER. 3
Sur revenus ordinaires			
journées de prestations			
centimes spéciaux ordinaires			
centimes spéciaux extraordinaires			
Imposition extraordinaire			
Allocation sur fonds libres			
Emprunt			
Subvention du département ou de l'État			
Total général égal aux dépenses à couvrir			

3° EMPLOI PROPOSÉ POUR LE RELIQUAT DE 187 , MONTANT A FR. CENT.

NUMÉROS ET DÉSIGNATION DES CHEMINS. 1	OBJET DES DÉPENSES. 2	MONTANT. 3

Dressé à , le 187 .

L'Agent voyer cantonal,

Vu et vérifié par l'agent voyer d'arrondissement.
A , le 187 .

Vu et présenté par l'agent voyer en chef,
A , le 187 .

MINISTÈRE
DE L'INTÉRIEUR.

DÉPARTEMENT
d

ARRONDISSEMENT
d

CANTON
d

MODÈLE N° 3.

Art. 65 et 66
de l'Instruction générale.

Art. 63 et 64
du Règlement.

Format : 0m,21 sur 0m,31.

SERVICE VICINAL.

CRÉATION DES RESSOURCES,

POUR L'ANNÉE 187 .

ARRÊTÉ DE MISE EN DEMEURE.

COMMUNE d

Le Préfet du département d

Vu les articles 2, 5, 6 et 7 de la loi du 21 mai 1836;

Vu son arrêté en date du fixant les contingents des chemins de grande communication et d'intérêt commun, pour l'année 187 ;

Vu l'état de la situation et des besoins des chemins vicinaux ordinaires de la commune, dressé par les agents du service vicinal,

ARRÊTE :

Le conseil municipal de la commune d est mis en demeure :

1° De prélever en 187 , sur les revenus ordinaires, pour être employés sur les chemins vicinaux de toutes catégories, les sommes portées dans l'état de proposition des agents voyers;

2° De voter jours de prestation et centimes spéciaux ordinaires;

3° De prélever sur l'ensemble des ressources votées le montant des contingents des chemins de grande communication et d'intérêt commun fixés par l'arrêté précité, et indiqués à l'état dressé par les agents voyers.

Faute par le conseil municipal de satisfaire à cette mise en demeure, il y sera pourvu d'office conformément aux dispositions de l'article 5 de la loi du 21 mai 1836.

A , le 187 .

EXTRAIT DU REGISTRE DES DÉLIBÉRATIONS DU CONSEIL MUNICIPAL.

L'an mil huit cent soixante , le ,

Le conseil municipal de la commune d , réuni en session ordinaire, sous la présidence de M.

Étaient présents MM.

formant la majorité des membres en exercice.

M. a été élu secrétaire.

LE CONSEIL :

Vu la loi du 21 mai 1836, l'instruction ministérielle du 24 juin suivant et le règlement général sur les chemins vicinaux;

Vu le rapport des agents voyers sur la situation des chemins vicinaux ordinaires, sur les dépenses à y effectuer en 187 , et sur l'emploi à donner aux reliquats de 187 ;

Vu l'arrêté de mise en demeure de M. le Préfet du département, en date du ;

Vu le budget approuvé pour l'année courante et les comptes rendus, tant par le maire que par le receveur municipal, des recettes et des dépenses de l'exercice expiré, comptes dont il résulte que le reliquat des ressources des chemins vicinaux de cet exercice est de

Considérant :

Délibère :

La commune sera imposée pour 187 , de :

1° journées de prestation, dont le produit est évalué à..............

2° centimes spéciaux ordinaires, évalués à.......................

Il sera inscrit au budget de 187 , pour le service des chemins vicinaux en plus des ressources ci-dessus votées :

1° Sur les revenus ordinaires de la commune, une somme de...............

2° Le produit de l'imposition extraordinaire de centimes autorisée le ....

3° Le produit des trois centimes spéciaux extraordinaires, autorisés le ..

4° La somme à réaliser sur l'emprunt de , autorisé par en date du ....

Total...............................

Sur cette somme seront prélevés :

1° Pour remboursement d'emprunt et d'intérêts..........................

2° Pour frais généraux, personnel, remises au comptable, etc...............

3° Les contingents des chemins de grande communication et d'intérêt commun jusqu'à concurrence de :

Pour les chemins de grande communication n^os ......

Pour les chemins d'intérêt commun n^os ....

Le conseil déterminera ultérieurement le détail de l'emploi des ressources sur les chemins vicinaux ordinaires.

Pour ce qui est de l'emploi à donner au reliquat de 187 , le conseil décide la répartition suivante :

Numéros et désignation des chemins. 1	Objet de la dépense. 2	Montant — Délibération du Conseil municipal. 3	Montant — Décision du Préfet. 4

Le conseil décide enfin que les prestations en nature de l'année 187 seront converties en tâches, d'après le tarif adopté.

Vu par l'Agent voyer d'arrondissement.

A , le 187 .

Pour expédition conforme au registre ;

Le Maire,

Vu par le Sous-Préfet de l'arrondissement qui propose

A , le 187 ,

L'Agent voyer en chef, soussigné, est d'avis qu'il y a lieu

A , le 187 .

Vu et approuvé :

A , le 187 .

Le Préfet,

MINISTÈRE
DE L'INTÉRIEUR.

DÉPARTEMENT
d

ARRONDISSEMENT
d

COMMUNE
d

Les demandes en dégrèvement doivent être adressées dans les trois premiers mois de l'année à M. le Sous-Préfet de l'arrondissement. Elles pourront être écrites sur papier libre.

Modèle n° 4.

Art. 87 et 91 de l'Instruction générale.

Art. 10 et 14 du Règlement.

Format : 0m,15 sur 0m,21.

SERVICE VICINAL.

TRAVAUX

DE RÉPARATION ET D'ENTRETIEN DES CHEMINS VICINAUX.

RÔLE DE PRESTATION

Voté par le conseil municipal, le 187 .
ou imposé d'office par arrêté du 187 .
et rendu exécutoire par le Préfet, le 187 .

ARTICLE DU RÔLE.

AVERTISSEMENT GRATIS. (Loi du 21 mai 1836.)

M.
vous êtes prévenu que vous êtes taxé ainsi qu'il suit :

Nombre..	d'hommes.........	Nombre de journées	d'hommes.........	évaluées à		
	de chevaux........		de chevaux.........	*idem*....		
	de bœufs, mulets ou ânes..........		de bœufs, mulets ou ânes............	*idem*....		
	de voitures........		de voitures....	*idem*....		
			Total.................			

Vous êtes invité à déclarer devant M. le Maire de votre commune, dans le délai d'un mois à dater de la publication du rôle, si votre intention est d'acquitter votre taxe en argent ou en nature.

Vous êtes prévenu que, faute par vous de faire cette déclaration dans le délai voulu, vous serez censé avoir préféré vous acquitter en argent, et que votre cote sera dès lors exigible en argent. Les taxes payées en argent seront perçues de la même manière, et les poursuites seront les mêmes que pour les contributions directes, lorsqu'il y aura lieu d'en exercer.

Certifié conforme au rôle.

A , le 18 .

Le Directeur des Contributions directes,

Ce bulletin pourra être signé, détaché et envoyé au maire, dans le cas où le prestataire ne ferait pas personnellement la déclaration à la mairie.

BULLETIN D'OPTION.

Le soussigné déclare vouloir acquitter en nature les impositions mentionnées à l'article du rôle de prestation.

A , le 18 .

MINISTÈRE
DE L'INTÉRIEUR.

DÉPARTEMENT
d

ARRONDISSEMENT
d

PERCEPTION
d

Toutes les déclarations d'option, pour être valables, devront être signées par les prestataires, ou certifiées par deux témoins ou enfin constatées par l'annexion au registre du bulletin détaché de l'avertissement et signé.

MODÈLE n° 5.

Art. 91 de l'Instruction générale.

Art. 14 du Règlement.

Format : 0m,42 sur 0m,34.

SERVICE VICINAL.

COMMUNE d

PRESTATIONS DE L'ANNÉE 187 .

Registre ouvert à la mairie d
le 187 , pour recevoir les déclarations d'option faites conformément à l'article 14 du Règlement.

NUMÉROS des ARTICLES du rôle. 1	NOMS ET PRÉNOMS DES PRESTATAIRES qui déclarent vouloir acquitter leurs prestations en nature. 2	MONTANT de LA COTE. 3	SIGNATURE DES PRESTATAIRES ou des témoins. 4	INDICATION DU HAMEAU que le prestataire habite dans la commune. 5	DATE DE CHAQUE DÉCLARATION d'option. 6
		fr. c.			

NUMÉROS des ARTICLES du rôle. 1	NOMS ET PRÉNOMS DES PRESTATAIRES qui déclarent vouloir acquitter leurs prestations en nature. 2	MONTANT de LA COTE. 3	SIGNATURE DES PRESTATAIRES ou des témoins. 4	INDICATION DU HAMEAU que le prestataire habite dans la commune. 5	DATE DE CHAQUE DÉCLARATION d'option. 6
		fr. c.			

NUMÉROS des ARTICLES du rôle.	NOMS ET PRÉNOMS DES PRESTATAIRES qui déclarent vouloir acquitter leurs prestations en nature.	MONTANT de LA COTE.	SIGNATURE DES PRESTATAIRES ou des témoins.	INDICATION DU HAMEAU que le prestataire habite dans la commune.	DATE DE CHAQUE DÉCLARATION d'option.
1	2	3	4	5	6
		fr. c.			

NUMÉROS des ARTICLES du rôle.	NOMS ET PRÉNOMS DES PRESTATAIRES qui déclarent vouloir acquitter leurs prestations en nature.	MONTANT de LA COTE.	SIGNATURE DES PRESTATAIRES ou des témoins.	INDICATION DU HAMEAU que le prestataire habite dans la commune.	DATE DE CHAQUE DÉCLARATION d'option.
1	2	3	4	5	6
		fr. c.			

Nous, Maire de la commune d   certifions avoir tenu ouvert, durant 30 jours, le présent registre contenant   articles de déclaration, l'avoir clos aujourd'hui, terme du délai fixé par l'affiche de publication du rôle de prestations, et l'avoir transmis au percepteur receveur municipal, conformément à l'article 15 du Règlement.

Le   186 ,

Le Maire,

MINISTÈRE
DE L'INTÉRIEUR.

DÉPARTEMENT
d

ARRONDISSEMENT
d

CANTON
d

PERCEPTION
d

NOTA. Tout emploi, soit des centimes spéciaux, soit des prestations en nature ou rachetées en argent, sur un chemin non légalement classé vicinal, pourrait donner lieu contre ces fonctionnaires (maires ou agents voyers) à une accusation en détournement de fonds. (Instruction ministérielle du 24 juin 1836.)

MODÈLE n° 6.
Art. 93 et 143
de l'Instruction générale.

Art. 16 et 31 du Règlement.

Format : 0m,35 sur 0m,37.

SERVICE VICINAL.

COMMUNE d

PRESTATIONS DE L'ANNÉE 187 .

Rôle rendu exécutoire par M. le Préfet, le

Extrait du rôle comprenant les noms des contribuables qui ont déclaré vouloir acquitter leur taxe en nature, le détail des journées qu'ils doivent acquitter, le montant des travaux exécutés en nature et le montant des cotes exigibles en argent.

La commune a été classée dans la catégorie pour laquelle le conseil général a fixé le taux des rachats en argent, conformément aux indications du tableau ci-contre.........................

ÉVALUATION EN ARGENT D'UNE JOURNÉE							
				DE VOITURE ATTELÉE			
D'HOMME.	DE CHEVAL.	DE BŒUF ou de mulet.		de chevaux, bœufs ou mulets.	d'ânes.		
1	2	3	4	5	6	7	8

La commune est imposée pour jour .

	NOMBRE DE JOURNÉES								VALEUR EN ARGENT.
					DE VOITURE ATTELÉE				
	D'HOMME.	de CHEVAL.	DE BŒUF ou de mulet.		de chevaux, bœufs ou mulets.	d'ânes.			
	1	2	3	4	5	6	7	8	9
Le rôle comprend au total....................									
Il a été fait déclaration d'option en nature, pour...									
DIFFÉRENCE.............									

DÉTAIL DES COTES POUR LESQUELLES IL A ÉTÉ FAIT DÉCLARATION D'EXÉCUTION EN NATURE.

ARTICLES du rôle.	NOMS, PRÉNOMS ET DOMICILE des contribuables ayant déclaré vouloir s'acquitter en nature.	NOMBRE DE JOURNÉES								MONTANT des taxes d'après le rôle.	MONTANT des taxes acquittées en nature.	RESTE à RECOUVRER en argent.	SIGNATURE POUR ÉMARGEMENT de l'agent voyer cantonal.	OBSERVATIONS.
		D'HOMMES.	DE CHEVAUX ou mulets.	DE BŒUFS.	D'ÂNES.	DE VOITURES attelées de chevaux, bœufs ou mulets.	DE VOITURES attelées d'ânes.							
1	2	3	4	5	6	7	8	9	10	11	12	13	14	15

ARTICLES du rôle.	NOMS, PRÉNOMS ET DOMICILE des contribuables ayant déclaré vouloir s'acquitter en nature.	NOMBRE DE JOURNÉES								MONTANT des taxes d'après le rôle.	MONTANT des taxes acquittées en nature.	RESTE à RECOUVRER en argent.	SIGNATURE POUR ÉMARGEMENT de l'agent voyer cantonal.	OBSERVATIONS.
		D'HOMMES.	DE CHEVAUX ou mulets.	DE BOEUFS.	D'ÂNES.	DE VOITURES attelées de chevaux, boeufs ou mulets.	DE VOITURES attelées d'ânes.							
1	2	3	4	5	6	7	8	9	10	11	12	13	14	15

ARTICLES du rôle.	NOMS, PRÉNOMS ET DOMICILE des contribuables ayant déclaré vouloir s'acquitter en nature.	NOMBRE DE JOURNÉES								MONTANT des taxes d'après le rôle.	MONTANT des taxes acquittées en nature.	RESTE à RECOUVRER en argent.	SIGNATURE POUR ÉMARGEMENT de l'agent voyer cantonal.	OBSERVATIONS.
		D'HOMMES.	DE CHEVAUX ou mulets.	DE BŒUFS.	D'ÂNES.	DE VOITURES attelées de chevaux, bœufs ou mulets.	DE VOITURES attelées d'ânes.							
1	2	3	4	5	6	7	8	9	10	11	12	13	14	15

Le soussigné, receveur municipal de la commune d , certifie que le présent extrait est conforme, en ce qui concerne les colonnes 1 à 11, tant au rôle de prestation rendu exécutoire par le préfet, qu'aux déclarations des contribuables qui veulent acquitter leur taxe en nature.

Ces taxes s'élèvent à la somme de

ci..................

Celles exigibles en argent, par suite de non-déclaration d'option dans le délai prescrit, s'élèvent à , ci..................

TOTAL ÉGAL au rôle..................

A , le 187 .

L'agent voyer cantonal certifie que les prestataires ont bien et dûment acquitté en nature les cotes ou parties de cote, dont le montant figure dans la colonne 12 du présent état et s'élève à la somme totale de ci

En conséquence, le maire, attestant la vérité des signatures apposées dans la colonne 14 dudit état, autorise le receveur municipal à faire dépense dans son compte de gestion de la somme de qui lui sera allouée sur la production du présent extrait de rôle.

Cet état remplacera ceux qui ont été précédemment transmis au receveur municipal, et qui, aux termes du dernier paragraphe de l'article 31 du règlement sur les chemins vicinaux, devront être immédiatement renvoyés à l'agent voyer d'arrondissement.

Le résumé de ces états est transcrit ci-après :

DATES DE LA TRANSMISSION des premiers états au receveur municipal.	CATÉGORIE ET NUMÉROS DES CHEMINS.	PART ATTRIBUÉE au chemin sur les déclarations d'option.	SOMMES ACQUITTÉES en nature.	SOMMES À PAYER en argent pour non-exécution.
1	2	3	4	5
	Chemins vicinaux ordinaires. { Réseau subventionné........			
	Chemins vicinaux ordinaires. { Réseau non subventionné.....			
	TOTAUX....................			

A , le 187 .

L'Agent voyer cantonal, *Le Maire,*

Vu et transmis au receveur municipal par l'agent voyer d'arrondissement.

A , le 187 .

MINISTÈRE
DE L'INTÉRIEUR.

DÉPARTEMENT
d

ARRONDISSEMENT
d

PERCEPTION
d

MODÈLE N° 7.

Art. 93 de l'Instruction générale.

Art. 16 du Règlement.

Format : $0^m,21$ sur $0^m,31$.

SERVICE VICINAL.

État sommaire des journées de prestation à acquitter en nature et du montant des cotes exigibles en argent pour l'exercice 18 .

NOMS DES COMMUNES.	NOMBRE DE JOURNÉES ACQUITTABLES EN NATURE.											MONTANT des cotes exigibles en argent.	TOTAL ÉGAL au montant du rôle.	OBSERVATIONS.
	HOMMES.	CHEVAUX.	ÂNES.	BOEUFS.	VOITURES à 2 roues.	VOITURES à 4 roues.					VALEUR en argent.			
1	2	3	4	5	6	7	8	9	10	11	12	13	14	15
TOTAUX.....														

Le présent état dressé et certifié conforme aux relevés généraux des rôles, par le Percepteur soussigné.

A , le 187 .

MINISTÈRE
DE L'INTÉRIEUR.

DÉPARTEMENT
d

Modèle n° 8.

Article 96 de l'Instruction générale.

Format : $0^m,21$ sur $0^m,31$.

SERVICE VICINAL.

État des décharges, remises et non-valeurs admises pendant l'année 187 ,
à déduire des rôles de prestations.

DÉSIGNATION DES COMMUNES.	MONTANT TOTAL des non-valeurs admises pendant l'année.	IMPUTATIONS PROPOSÉES PAR L'AGENT VOYER EN CHEF.						OBSERVATIONS.
		CHEMINS DE GRANDE COMMUNICATION.		CHEMINS D'INTÉRÊT COMMUN.		CHEMINS ORDINAIRES. Réseau		
		Nos.	Sommes.	Nos.	Sommes.	Subventionné.	Non subventionné.	
1	2	3	4	5	6	7	8	9

Proposé par l'agent voyer en chef pour les colonnes 3 à 8.

A , le 187 .

Arrêté par le Préfet

A , le 187 .

MINISTÈRE
DE L'INTÉRIEUR.

DÉPARTEMENT
d

CANTON
d

MODÈLE N° 9.

Article 106
de l'Instruction générale.

SERVICE VICINAL.

COMMUNE d

TABLEAU

Des portions des Chemins de grande communication, d'intérêt commun et vicinaux ordinaires entretenues à l'état de viabilité au 1er janvier 187 , sur le territoire de cette commune.

NUMÉROS des chemins. 1	INDICATION DE LEUR DIRECTION. 2	PARTIES ENTRETENUES À L'ÉTAT DE VIABILITÉ. 3	LONGUEURS. 4
	1° CHEMINS DE GRANDE COMMUNICATION.		
	2° CHEMINS D'INTÉRÊT COMMUN.		
	3° CHEMINS VICINAUX ORDINAIRES.		

Vu par l'Agent Voyer d'arrondissement,
A , le 187 .

DRESSÉ et CERTIFIÉ par l'Agent Voyer cantonal,
A , le 1er janvier 187 .

VU et ARRÊTÉ par le Maire en ce qui concerne les chemins vicinaux ordinaires, et publié aujourd'hui dans la commune.
A , le 187 .

V par l'Agent Voyer en chef.
A , le 187 .

Extrait de l'instruction générale sur les chemins vicinaux.

ART. 106. Chaque année, au commencement du mois de janvier, il sera publié et affiché... un tableau des chemins.... entretenus à l'état de viabilité.

ART. 108. Dans les dix jours qui suivront la publication, les intéressés seront admis à présenter leurs observations sur l'état des chemins et à demander que cet état soit constaté contradictoirement...

Les chemins qui n'auront fait l'objet d'aucune observation seront considérés comme étant en état de viabilité par le seul fait de la publication du tableau, et leur dégradation ultérieure pourra donner lieu à des demandes de subvention.

VU et ARRÊTÉ par le Préfet pour ce qui concerne les chemins de grande communication et d'intérêt commun.
A , le 187 .

MINISTÈRE
DE L'INTÉRIEUR.

DÉPARTEMENT
d

CANTON
d

ANNÉE 187 .

SERVICE VICINAL.

COMMUNE d

MODÈLE N° 10.

Article 107
de l'instruction générale.

Format : $0^m,21$ sur $0^m,31$.

CERTIFICAT DE PUBLICATION
DU TABLEAU DES CHEMINS À L'ÉTAT DE VIABILITÉ.

Je soussigné, Maire de la commune d certifie avoir fait afficher et publier le le tableau des Chemins vicinaux ordinaires, d'intérêt commun et de grande communication entretenus à l'état de viabilité sur le territoire de cette commune, lequel tableau comprenait les chemins désignés ci-après :

NUMÉROS des chemins. 1	INDICATION DE LEUR DIRECTION. 2	PARTIES ENTRETENUES À L'ÉTAT DE VIABILITÉ. 3	LONGUEURS. 4
	1° CHEMINS DE GRANDE COMMUNICATION.		
	2° CHEMINS D'INTÉRÊT COMMUN.		
	3° CHEMINS VICINAUX ORDINAIRES.		

Je certifie en outre que, pendant le délai de dix jours qui a suivi la publication, délai pendant lequel le Tableau est resté affiché à la Mairie, il a été fait observation sur l'état de viabilité des chemins qui y étaient inscrits.

A , le 187 .

Le Maire,

Si des observations étaient produites, ce qui devrait avoir lieu par écrit, le Maire voudrait bien les joindre au présent certificat.

MINISTÈRE
DE L'INTÉRIEUR.

DÉPARTEMENT
d

Modèle n° 11.

Article 122
de l'Instruction générale.

Article 68
du Règlement.

Format : 0m,21 sur 0m,31.

SERVICE VICINAL.

CHEMINS

BUDGET DE 187 .

Dressé par l'Agent voyer soussigné.

A , le 187 .

CHEMIN D COMMUN N°

ÉTAT DU CHEMIN AU		
Longueurs.	A l'état d'entretien	
	A l'état de viabilité	
	En construction	
	A l'état de sol naturel	
	TOTAL	
CANTONNIERS.		
En exercice au 31 décembre 187 .	Chefs de 1re classe	
	—— de 2e	
	—— de 3e	
	Ordinaires de 1re classe	
	——— de 2e	
	- de 3e	
	provisoires	
Proposés en plus.	Chefs	
	Ordinaires	
DÉTAIL DES RESSOURCES.		
En nature.	Contingents	
	Offres	
	TOTAL en nature	
En argent.	Reliquat de 18	
	Contingents	
	Offres	
	TOTAL	
	A déduire : Avance de 18	
	Réserve	
	TOTAL	
	Subvention départementale, ordinaire	
	Subvention départementale, extraordinaire	
	Subvention de l'État	
	TOTAL en argent	
RAPPEL du total en nature		
TOTAL en nature et en argent		

DÉSIGNATION DES PARTIES DE CHEMIN ET NATURE DES DÉPENSES.	CRÉDITS DEMANDÉS tant en nature qu'en argent. 1	MINIMUM NÉCESSAIRE en argent. 2	CRÉDITS ACCORDÉS. Sous-répartition provisoire. En nature. 4	En argent. 5	Total. 6	Sous-répartition définitive. En nature. 7	En argent. 8	Total. 9	OBSERVATIONS OU RENSEIGNEMENTS sur l'état des chemins et justification des propositions. 10
PREMIÈREMENT. — ENTRETIEN.									
Travaux à l'entreprise.									
Travaux en régie.									
Salaires des cantonniers									
Salaires des auxiliaires									
TOTAL des travaux d'entretien									
DEUXIÈMEMENT. — TRAVAUX NEUFS ET DE GROSSES RÉPARATIONS. (Dépenses autorisées. / Dépenses payées. / Reste à dépenser.)									
Construction entre — Travaux à l'entreprise									
Régie									
Indemnités de terrains									
Construction entre — Travaux à l'entreprise									
Régie									
Indemnités de terrains									
Réparations entre									
TOTAL des travaux neufs et de grosses réparations									
TROISIÈMEMENT. — DÉPENSES DIVERSES.									
TOTAL des dépenses diverses									
Report du total pour entretien									
—— du total pour travaux neufs et de grosses réparations									
TOTAL GÉNÉRAL									

MINISTÈRE
DE L'INTÉRIEUR.

DÉPARTEMENT
d

CONSEIL GÉNÉRAL.

SESSION

Modèle n° 12.

Art. 122
de l'Instruction générale.

Art. 68 du Règlement

Format : $0^m,21$ sur $0^m,31$.

SERVICE VICINAL.

BUDGET RÉCAPITULATIF

DES CRÉDITS NÉCESSAIRES A L'ENTRETIEN ET A LA CONSTRUCTION

DES CHEMINS D COMM

PENDANT L'ANNÉE 187 .

SUBVENTIONS A DEMANDER AU CONSEIL GÉNÉRAL.

Dressé et proposé par l'Agent voyer en chef soussigné.

A , le 187 .

Présenté par le Préfet.

A , le 187 .

NUMÉROS ET DÉSIGNATION DES CHEMINS.	ENTRETIEN.				TRAVAUX NEUFS ET DE RESTAURATION.					TOTAL de la subvention à demander au conseil général. — Colonnes 5 et 9.	IMPUTATION DE LA SUBVENTION SUR					OBSERVATIONS.
	LONGUEURS à entretenir en 187 .	CRÉDITS nécessaires pour 187 .	RESSOURCES propres au chemin.	DIFFÉRENCE à demander à la subvention départementale.	DÉSIGNATION DES TRAVAUX.	DÉPENSES probables.		RESSOURCES propres au chemin, déduction faite de celles portées à la colonne 4.	DIFFÉRENCE à demander à la subvention départementale.		PRODUIT des centimes spéciaux.	PRODUIT de centimes extraordinaires.	EMPRUNT.			
1	2	3	4	5	6	7		8	9	10	11	12	13	14	15	

MINISTÈRE
DE L'INTÉRIEUR.

SERVICE VICINAL.

MODÈLE N° 13.

Art. 124
de l'Instruction générale.

Art. 70 du Règlement

Format : 0m,21 sur 0m,31.

DÉPARTEMENT
d

ARRONDISSEMENT
d

CANTON
d

COMMUNE d

ANNÉE 187 .

BUDGET

Des ressources, des travaux et des dépenses des chemins vicinaux ordinaires.

1re PARTIE. — Ressources établies d'après le budget de la commune modifié par les votes émis et les décisions rendues jusqu'à la date d'aujourd'hui,

NATURE DES RESSOURCES. 1	SOMMES TOTALES. 2	PARTIE DES RESSOURCES applicable AUX CHEMINS VICINAUX ORDINAIRES. Réseau subventionné. 3	Réseau non subventionné. 4	OBSERVATIONS. 5
Revenus ordinaires ou fonds libres................				
Prestations (journées).....................				
Centimes spéciaux ordinaires (centimes)........				
Quatrième journée de prestation.................				
Centimes spéciaux extraordinaires (centimes)......				
Impositions extraordinaires (centimes pour années)................................				
....				
Emprunt à la caisse des chemins vicinaux..........				
Emprunts à d'autres caisses......................				
Souscriptions particulières en argent. — Chemin vicinal n°				
Chemin vicinal n°				
Chemin vicinal n°				
Souscriptions particulières en nature. — Chemin vicinal n°				
Chemin vicinal n°				
Chemin vicinal n°				
Subventions industrielles réglées pour l'année 187				
Subvention du département......................				
Subvention de l'État..........................				
TOTAUX....................				
TOTAL pour les chemins vicinaux ordinaires.............				

2e PARTIE. — DÉPENSES.

NUMÉROS DES CHEMINS ET INDICATION DES TRAVAUX ET DES DÉPENSES. 1	CRÉDITS PROPOSÉS par l'agent voyer. 2	CRÉDITS ALLOUÉS par le conseil municipal. 3	TOTAUX par RÉSEAU. 4	DÉCISION du PRÉFET. 5	OBSERVATIONS. 6
1° Réseau subventionné :					
2° Réseau non subventionné :					
3° Dépenses générales :					
Remboursement d'emprunts et intérêts.........					
....					
....					
TOTAUX.....................					
Contingents des chemins de grande communication et d'intérêt commun................................					
TOTAUX GÉNÉRAUX..............					
Report du montant des ressources...........					
RESTE LIBRE..................					

DRESSÉ à , le 187 .

L'Agent voyer,

VU et VÉRIFIÉ par l'agent voyer d'arrondissement.

A , le 187 .

VU pour être annexé à la délibération du conseil municipal du

Le Maire,

VU par le sous-préfet qui propose

A , le 187 .

VU par l'agent voyer en chef qui est d'avis de

A , le 187 .

APPROUVÉ pour exécution.

A , le 187

Le Préfet,

MINISTÈRE
DE L'INTÉRIEUR.

DÉPARTEMENT
d

MODÈLE N° 14.

Article 126
de l'Instruction générale.

Art. 72 du Règlement.

SERVICE VICINAL.

ÉTAT DE RÉPARTITION

DES RESSOURCES CRÉÉES EN VERTU DE L'ARTICLE 2 DE LA LOI DU 21 MAI 1836.

EXERCICE 187 .

NOTA. Cet état, préparé le 1er février de chaque année, pourra être adressé aux maires, percepteurs, agents voyers et tous autres intéressés, par la voie du Recueil des actes administratifs.

ARRONDISSEMENT D

NOMS DES COMMUNES et des perceptions (1).	CHEMINS À LA DÉPENSE DESQUELS LES COMMUNES CONTRIBUENT.		FIXATION DÉFINITIVE DES CONTINGENTS.				
	Catégories.	Numéros.	REVENUS ordinaires.	PRESTATIONS acquittables en nature. (Options.)	PRESTATIONS converties en argent. (Non-options.)	CENTIMES spéciaux.	TOTAL.
1	2	3	4	5	6	7	8
GRAND-CASTANG... (*Sainte-Alvère.*)	Grande communication................						
	Intérêt commun......................						
	Petite vicinalité. Réseau subventionné....	//					
	Petite vicinalité. Réseau non subventionné.	//					
	TOTAL des ressources..........						
BALLON......... (*Ballon.*)	Grande communication................						
	Idem............................						
	Intérêt commun......................						
	Idem............................						
	Idem............................						
	Petite vicinalité. Réseau subventionné....	//					
	Petite vicinalité. Réseau non subventionné.	//					
	TOTAL..................						
CHAMPAGNÉ...... (*Montfort.*)	Petite vicinalité. Réseau subventionné....	//					
	Petite vicinalité. Réseau non subventionné.	//					
	TOTAL.............						

(1) Le nom des perceptions est indiqué, *en italique*, sous celui des communes.

VU et APPROUVÉ :

A , le 187 .

Le préfet,

DRESSÉ et présenté par l'Agent voyer en chef soussigné.

A , le 187 .

MINISTÈRE
DE L'INTÉRIEUR.

DÉPARTEMENT
d

ARRONDISSEMENT
d

SERVICE VICINAL.

CHEMIN D COMMUN Nº

MODÈLE Nº 15.

Article 128
de l'Instruction générale.

Art. 74 du Règlement.

Format $0^m,21$ sur $0^m,31$.

SUPPLÉMENT
AU BUDGET DE L'ANNÉE 187 .

RESSOURCES.

TITRES DES RESSOURCES.	RESSOURCES éventuelles et communales. en nature.	RESSOURCES éventuelles et communales. en argent.	RESSOURCES départementales, et de l'État.	TOTALES.	OBSERVATIONS.
1	2	3	4	5	6
§ 1er. — RESSOURCES DES EXERCICES ANTÉRIEURS :					
1° Somme restant en caisse d'après le compte de l'exercice précédent..................................					
2° Sommes restant à recouvrer :					
TOTAUX.........................					
§ 2. — RESSOURCES NON PRÉVUES AU BUDGET PRIMITIF :					
§ 3. — RESSOURCES PRÉVUES AU BUDGET PRIMITIF.......					
TOTAUX........................					
Réductions à opérer sur les prévisions du budget :					
Ressources effectives à employer.....................					

DÉPENSES.

OBJET DES DÉPENSES. 1	DÉPENSES prévues au budget. 2	AUGMENTATION. 3	DIMINUTION. 4	CRÉDITS DÉFINITIFS. 5	OBSERVATIONS ET IMPUTATION DES CRÉDITS. 6
§ 1er. — DETTES ANTÉRIEURES CONSTATÉES AU COMPTE DE L'EXERCICE PRÉCÉDENT :					
§ 2. — CRÉDITS NOUVEAUX :					
§ 3. — CRÉDITS PORTÉS AU BUDGET PRIMITIF ET DONT LA MODIFICATION EST PROPOSÉE :					
§ 4. — CRÉDITS NON MODIFIÉS..............					
TOTAUX des dépenses........					
EXCÉDANT des { Recettes sur les dépenses.....					
EXCÉDANT des { Dépenses sur les recettes.....					

PRÉSENTÉ par l'agent voyer en chef.

A , le 187 .

Vu et ARRÊTÉ par le Préfet.

A , le 187 .

TITRE III.

EXÉCUTION DES TRAVAUX.

MINISTÈRE
DE L'INTÉRIEUR.

DÉPARTEMENT
d

ARRONDISSEMENT
d

CANTON
d

PERCEPTION
d

SERVICE VICINAL.

MODÈLE N° 16.

Art. 134
de l'Instruction générale.

Art. 22 du Règlement.

Format : 0m,31 sur 0m,31.

COMMUNE d

CHEMIN (1)

ÉTAT D'INDICATION

Des travaux à exécuter par les prestataires en acquit des journées qui leur sont imposées par arrêté préfectoral du

Les prestations en journées ont été converties en tâches par délibération du conseil municipal du approuvée le

Dressé le 187 .

Le Maire, *L'Agent voyer cantonal,*

PRIX DES JOURNÉES DE PRESTATION FIXÉS PAR LE CONSEIL GÉNÉRAL.

Journée d'homme..................	Journée de voiture attelée de chevaux, de bœufs ou de mulets........
——— d'un cheval ou d'un mulet.....	——— de voiture attelée d'âne ....
——— d'un bœuf.............	——— de .....
——— d'un âne..................	

(1) Numéro et désignation des chemins de grande communication ou d'intérêt commun.
Chemins vicinaux ordinaires du réseau subventionné.
Chemins vicinaux ordinaires du réseau non subventionné.

Numéros des articles du rôle.	NOMS ET PRÉNOMS des prestataires.	TRAVAUX À EFFECTUER.											
		NOMBRE DE JOURNÉES PORTÉES AU RÔLE								Montant de l'évaluation en argent.	TÂCHES.		
		d'hommes.	de chevaux ou mulets.	de bœufs.	d'ânes.	de voitures attelées de chevaux, bœufs ou mulets.	de voitures attelées d'ânes.				Nature et lieux d'exécution des travaux.	Quantités.	Valeur en argent.
1	2	3	4	5	6	7	8	9	10	11	12	13	14

TRAVAUX EXÉCUTÉS.															
JOURNÉES.									TÂCHES.		DATE de l'exécution.	SIGNATURE pour certificat du surveillant des travaux.	RESTE à recouvrer en argent. (Différence entre les colonnes 11 et 23 ou 14 et 25.)	OBSERVATIONS.
d'hommes.	de chevaux ou mulets.	de bœufs.	d'ânes.	de voitures attelées de chevaux, bœufs ou mulets.	de voitures attelées d'ânes.			Valeur en argent.	Quantités.	Valeur.				
15	16	17	18	19	20	21	22	23	24	25	26	27	28	29

L'agent voyer cantonal, soussigné

Après avoir procédé, en présence de M. le maire, à la réception des travaux effectués par les prestataires de la commune d   sur l   chemin

certifie que le montant de ces travaux s'élève, conformément aux détails de l'état d'autre part, à

dont le décompte est établi ci-dessous.

NATURE DES TRAVAUX OU DES JOURNÉES EFFECTUÉS 1	QUANTITÉS. 2	PRIX DE L'UNITÉ. 3	PRODUITS. 4	OBSERVATIONS. 5
				RÉPARTITION DE LA DÉPENSE FAITE EN NATURE. fr. c.
Montant des travaux ou des journées effectués.............				Entretien..........
Contingent assigné en nature à la commune..............				Grosses réparations..
				Travaux neufs......
Reste exigible en argent...........				Total égal aux travaux effectués...

Fait à   , le   187 .

Vu par le maire pour valoir mandat.

Arrêté par l'Agent voyer cantonal, et porté au n°   du carnet.

Vu par l'Agent voyer d'arrondissement.

A   le   187 .

Vu par le percepteur qui certifie avoir émargé sur le rôle général de la commune les cotes acquittées en nature.

A   le   187 .

MINISTÈRE
DE L'INTÉRIEUR.

DÉPARTEMENT
d

COMMUNE
d

Article du rôle.

SERVICE VICINAL.

ANNÉE 187 .

Modèle n° 17.

Art. 135
de l'Instruction générale.

Art. 23 du Règlement.

Format : $0^m,21$ sur $0^m,135$.

RÔLE DE PRESTATIONS

RENDU EXÉCUTOIRE PAR M. LE PRÉFET, LE

AVIS GRATIS

POUR PRESTATIONS A LA JOURNÉE.

M. demeurant à , sur le rôle de prestations en nature rendu exécutoire pour la présente année, vous êtes imposé pour :

Journées d'hommes..
——— de chevaux ou mulets..................................
——— de bœufs..
——— d'ânes...
——— de voitures..

ainsi que cela résulte de l'avertissement qui vous a été délivré.

Vous avez déclaré vouloir acquitter votre taxe en nature; en conséquence, vous êtes requis de faire ou faire faire pour votre compte, sur le chemin d commun n°
de à à l'atelier de
ou à les journées indiquées dans le tableau ci-après :

DATES.	JOURNÉES				
	D'HOMMES.	DE CHEVAUX ou mulets.	DE BŒUFS.		
1	2	3	4	5	6

Les ouvriers prestataires devront être rendus sur l'atelier à heures du matin, les jours dont les dates sont fixées ci-dessus, munis de pelles, pioches ou autres instruments nécessaires aux travaux, et se conformer exactement aux indications du surveillant.

Faute par vous d'obtempérer à la présente réquisition, vous êtes prévenu que votre cote sera de droit exigible en argent. Vous ne manquerez pas de porter au lieu des travaux la présente réquisition, que vous ferez quittancer par le surveillant du chemin ou de l'atelier.

Fait à la mairie d , le 187 .

Le Maire,

(Voir les quittances d'autre part.)

Le soussigné, chargé de la surveillance sur le chemin d   , certifie que le contribuable dénommé en la réquisition d'autre part, a acquitté cejourd'hui, sur ledit chemin,   journées de travail d'hommes,   journées de chevaux ou mulets,   journées de bœufs ou ânes, et   journées de voitures; en conséquence, sa taxe se trouve déchargée d'autant.

Fait à   , le   187 .

Le soussigné, chargé de la surveillance sur le chemin d   , certifie que le contribuable dénommé en la réquisition d'autre part, a acquitté cejourd'hui, sur ledit chemin,   journées de travail d'hommes,   journées de chevaux ou mulets,   journées de bœufs ou ânes, et   journées de voitures; en conséquence, sa taxe se trouve déchargée d'autant.

Fait à   , le   187 .

Le soussigné, chargé de la surveillance sur le chemin d   , certifie que le contribuable dénommé en la réquisition d'autre part, a acquitté cejourd'hui, sur ledit chemin,   journées de travail d'hommes,   journées de chevaux ou mulets,   journées de bœufs ou ânes, et   journées de voitures; en conséquence, sa taxe se trouve déchargée d'autant.

Fait à   , le   187 .

Le soussigné, chargé de la surveillance sur ledit chemin d   , certifie que le contribuable dénommé en la réquisition d'autre part, a acquitté cejourd'hui, sur ledit chemin,   journées de travail d'hommes,   journées de chevaux ou mulets,   journées de bœufs ou ânes, et   journées de voitures; en conséquence, sa taxe se trouve déchargée d'autant.

Fait à   , le   187 .

MINISTÈRE
DE L'INTÉRIEUR.

DÉPARTEMENT
d

COMMUNE
d

Article du rôle.

SERVICE VICINAL.

ANNÉE 18 .

MODÈLE N° 17 *bis*.

Article 145
de l'Instruction générale.

Art. 33 du Règlement.

Format : 0m,21 sur 0m,125.

RÔLE DE PRESTATIONS

RENDU EXÉCUTOIRE PAR M. LE PRÉFET, LE

AVIS GRATIS

POUR PRESTATIONS CONVERTIES EN TÂCHES.

M. demeurant à
sur le rôle de prestations en nature rendu exécutoire pour la présente année, vous êtes imposé pour une somme de , ainsi qu'il résulte de l'avertissement qui vous a été délivré.

Vous avez déclaré vouloir acquitter votre taxe en nature ; en conséquence, vous êtes requis de faire ou faire faire pour votre compte les fournitures ou travaux ci-après indiqués, sur le chemin d commun n° de à ,
à l'atelier de ou à

Par une délibération du conseil municipal en date du 187 , approuvée par M. le préfet, le 187 , la prestation non rachetée en argent a été convertie en tâches, d'après un tarif dont vous pouvez prendre connaissance à la mairie ; vous aurez à exécuter les travaux détaillés ci-dessous, lesquels devront être terminés avant le 187 , jour où il en sera fait réception en votre présence.

EMPLACEMENTS ET DÉTAIL DES TRAVAUX À FAIRE :

....
....
....

TOTAL ÉGAL au montant de la taxe...

Faute par vous de faire les travaux demandés dans le délai prescrit, vous êtes prévenu que votre cote sera de droit exigible en argent. Vous ne manquerez pas de porter au lieu des travaux la présente réquisition, que vous ferez quittancer par l'agent chargé de la réception de votre tâche.

Fait à mairie d , le 187 .

Le Maire,

(Voir la quittance d'autre part.)

QUITTANCE.

Le soussigné, chargé de la surveillance des travaux sur le chemin vicinal d commun n° , dans la commune d , certifie que le prestataire dénommé ci-dessus a effectué les travaux ci-après détaillés :

Tâches

TOTAL..............

A , le 187 .

L chargé de la réception,

MINISTÈRE
DE L'INTÉRIEUR.

DÉPARTEMENT
d

ARRONDISSEMENT
d

SOUS-CHAPITRE

ARTICLE

SERVICE VICINAL.

EXERCICE 187 .

CHEMINS d

MODÈLE N° 18.

Article 147
de l'Instruction générale.

Art. 35 du Règlement.

Format : 0m,21 sur 0m,31.

RÉSUMÉ des Prestations à recouvrer en argent à défaut d'exécution.

NUMÉROS des CHEMINS.	NOMS des COMMUNES.	PRESTATIONS DUES en nature par suite d'option.	PRESTATIONS EFFECTUÉES en nature.	RESTE DÛ en argent.	MONTANT DES TITRES DÉLIVRÉS par commune.	MONTANT DES TITRES DÉLIVRÉS par ligne vicinale.	OBSERVATIONS.
1	2	3	4	5	6	7	8
							Les colonnes 6 et 7 seront remplies par le Préfet.
	A reporter.........						

7.

NUMÉROS des CHEMINS.	NOMS des COMMUNES.	PRESTATIONS DUES en nature par suite d'option.	PRESTATIONS EFFECTUÉES en nature.	RESTE DÛ en argent.	MONTANT DES TITRES DÉLIVRÉS		OBSERVATIONS.
					par commune.	par ligne vicinale.	
1	2	3	4	5	6	7	8
	Report.........						Les colonnes 6 et 7 seront remplies par le Préfet.
	TOTAUX.........						

Dressé et certifié par l'agent voyer d'arrondissement.

A , le 187 .

Vu et présenté par l'agent voyer en chef,

A , le 187 .

Le Préfet d
arrête l'état ci-dessus à la somme totale de
dont M. le Trésorier payeur général demeure chargé de faire le recouvrement, et qui sera portée en recette au compte des produits éventuels départementaux, section §

A , le 187 .

Le Préfet,

TITRE IV.

COMPTABILITÉ DES CHEMINS VICINAUX.

CHAPITRE Ier.

COMPTABILITÉ DE L'AGENT VOYER CANTONAL.

MINISTÈRE
DE L'INTÉRIEUR.

DÉPARTEMENT
d

ARRONDISSEMENT
d

CIRCONSCRIPTION
d

Remis à M.
agent voyer d'arrondissement.
Le 187 .
L'Agent voyer en chef,

SERVICE VICINAL.

CARNET D'ATTACHEMENTS.

N°

Modèle n° 19.
Articles 177 à 180 de l'Instruction générale.
Articles 76 à 79 du Règlement.
Format 0m,125 sur 0m,21.

M. , agent voyer cantonal.

Le présent carnet, contenant feuillets parafés, a été remis à M. , le

L'Agent voyer d'arrondissement,

INSTRUCTION.

EXTRAIT DU RÈGLEMENT. — TITRE IV.

« Art. 76. L'agent voyer cantonal tient un carnet d'attachements (*modèle n° 19*) sur lequel il inscrit tous les faits de dépense à mesure « qu'ils se produisent, par ordre de date, sans lacune, sans classification, pour tous les ateliers confiés à sa surveillance, qu'ils soient situés « sur les chemins de grande communication, d'intérêt commun ou de petite vicinalité, en ayant soin d'indiquer le chemin auquel ces faits « se rapportent, avec distinction entre les réseaux subventionné et non subventionné.

« Ce carnet présente, sur la page de gauche, le libellé des opérations et leurs résultats, soit en quantités, soit en deniers, soit à la fois en « quantités et en deniers. Il ne comprend que les faits de dépense; les observations relatives aux autres parties du service ne doivent pas y figurer.

« En regard de chaque article, il reçoit, sur la page de droite, les croquis et tous les renseignements propres à justifier les quantités et les « sommes portées sur la page de gauche, ainsi que la mention des pièces dont les détails ne peuvent pas être inscrits sur le carnet.

« Dans le cas de prise de possession de terrains avant le règlement de l'indemnité, la date en est portée pour ordre au carnet. Un nouvel « article, indiquant le montant de la dépense, est ouvert lors de la fixation de l'indemnité. Mention est également faite des terrains cédés « gratuitement.

« Les travaux ou approvisionnements exécutés par entreprise sont inscrits au carnet au fur et à mesure qu'il est possible d'en vérifier « partiellement les métrés, les quantités ou les poids. On se conformera, pour ces inscriptions, aux désignations ainsi qu'aux conditions de « règlement des comptes et des devis ou projets approuvés.

« Lorsque les travaux ou approvisionnements exécutés par entreprise doivent donner lieu à des payements d'à-compte, avant de se trouver « en état d'être métrés *exactement*, ils sont inscrits au carnet, sous le nom de *travaux non terminés*, avec les métrés approximatifs. Ces métrés « sont refaits complétement à chaque nouvelle constatation, sans qu'on puisse procéder par différence. L'ancien article est rayé, et une anno- « tation renvoie à la nouvelle situation.

« La distinction en *travaux terminés* et *non terminés* pourra être supprimée par l'agent voyer en chef, suivant l'importance ou la nature des « ouvrages.

« Lorsque des travaux ou approvisionnements par entreprise auront été l'objet d'une réception accompagnée d'un décompte accepté par l'en- « trepreneur, et qu'ils n'auront donné lieu, en raison de leur faible importance, à aucune inscription antérieure sur le carnet, il suffit de « mentionner la date de la réception et du décompte, et de porter en bloc le résultat final de ce décompte.

« Pour les prestations à la journée ou à la tâche, la dépense est portée en bloc sur le carnet, à mesure que les états d'indication (*modèle « n° 16*) sont arrêtés et certifiés par les agents voyers.

« Les souscriptions et les subventions industrielles acquittées en nature sont aussi inscrites au fur et à mesure de leur exécution.

« Lorsque l'entrepreneur est tenu par le cahier des charges de prendre en compte des travaux ou fournitures effectués par des prestataires, « la remise de ces travaux ou fournitures donne lieu à une nouvelle inscription qui indique leur montant, aux prix du bordereau ; dans le « cas où les prestations remises auraient été effectuées dans le courant de l'année, on fait ressortir sur la page de droite la plus ou moins- « value sur les prix de l'entreprise.

« Pour les travaux en régie à la journée, la dépense est portée en bloc sur le carnet, à mesure que les rôles sont arrêtés et certifiés par les « agents voyers. Pour les travaux en régie à la tâche, on procède de la même manière, en séparant, s'il y a lieu, les comptes des tâcherons « portés sur un même état. Pour les mémoires et les factures, la dépense est portée en bloc sur la page de gauche, à mesure que ces pièces « sont arrêtées et certifiées.

« Les surveillants sont pourvus, au besoin, de carnets auxiliaires, dont les résultats sont reportés, par masses, sur le carnet tenu par l'agent « voyer cantonal sous les ordres duquel ils sont placés.

« Art. 77. Les carnets sont délivrés, par l'agent voyer en chef, à l'agent voyer d'arrondissement, qui en numérote les feuillets et les parafe « par premier et dernier, avant de les remettre à l'agent voyer cantonal.

« Les carnets successivement délivrés, dans une même année, à chaque agent voyer cantonal, sont numérotés suivant l'ordre de la remise.

« Chaque agent est responsable de toutes les indications qu'il consigne sur son carnet et des omissions commises dans ses écritures. L'agent « voyer cantonal ne doit se dessaisir de son carnet que sur l'ordre de ses chefs; quand il reçoit une autre destination, il arrête ce carnet et « l'adresse à l'agent voyer d'arrondissement.

« A la fin de l'année, tous les carnets, remplis ou non, sont transmis à l'agent voyer d'arrondissement, qui les vise *ne varietur*. Les carnets « restent déposés au bureau de l'agent voyer cantonal, jusqu'à la clôture de l'exercice; ils sont déposés dans les archives de l'agent voyer « d'arrondissement.

« Art. 78. Tout est écrit à l'encre sur les carnets.

« Les attachements sont précédés de la date à laquelle ils se rapportent; ils reçoivent des numéros dont la série se continue, sans interrup- « tion, du 1er janvier au 31 décembre.

« Ceux qui, par leur nature, doivent être contradictoires, sont acceptés sur le carnet par la signature de la partie intéressée. En cas de « refus de celle-ci, l'agent voyer cantonal prévient aussitôt l'agent voyer d'arrondissement. La signature de l'entrepreneur n'est réclamée que « pour les attachements définitifs; elle n'est jamais demandée pour les travaux ou approvisionnements non terminés. Les acceptations données « sur les carnets auxiliaires des surveillants ne doivent pas être reproduites sur le carnet de l'agent voyer cantonal.

« L'inscription sur le carnet ne constitue pas titre contre l'Administration.

« Le carnet est fréquemment visé par l'agent voyer d'arrondissement. Le visa doit porter la mention *vu et vérifié*, avec la date et la signature.

« Art. 79. Aucune inscription faite sur le carnet ne doit être ni grattée ni surchargée. Toutes les rectifications reconnues nécessaires sont faites et datées avec une encre de couleur différente et écrites au-dessus des lignes auxquelles elles se rapportent. On se borne à passer « sur les inscriptions rectifiées un simple trait qui les laisse parfaitement lisibles.

« Dans le cas où les rectifications s'appliquent à un attachement contradictoire qui a déjà reçu la signature de la partie intéressée, cette « signature doit être apposée une seconde fois, avec la mention de l'approbation de la correction.

Numéros des carnets. 1	Compte ouvert au livre de comptabilité. Titres. 2	Compte ouvert au livre de comptabilité. Numéros d'ordre. 3	Emplacement et objet des travaux ou des dépenses. 4	Noms des entrepreneurs, fournisseurs, etc. 5	Attachements. 6	Quantités. 7	Argent. 8	Observations, croquis, renseignements de toute nature. 9	Nombre de parties. 10	Dimensions. Longueurs. 11	Dimensions. Largeurs. 12	Dimensions. Hauteurs ou épaisseurs. 13	Longueurs, surfaces, cubes ou poids. Totaux. 14
							fr. c.			mètres.	mètres.	mètres.	
					— 24 janvier 1870. — TRAVAUX NON TERMINÉS ET APPROVISIONNEMENTS.								
1	*Chemin de grande communication n° 24.*	1	*Travaux d'entretien par entreprise.* — *Section d à* R. S. (1)	*Labat, entrepreneur à Vierzon.*	*Pierres dures non cassées non cmmlirées à 3 francs le mètre*	[illegible]	330 00	*Article compris dans la situation de janvier. (Barré en rouge.) Remplacé par l'attachement n° 15.*					
					— 29 janvier 1870. —								
2	*Chemin de grande communication n° 11.*	1	*Travaux d'entretien en régie.* — R. S.	*Debat, épicier à Fleury.*	*Balais de bouleau forts. 24 à 0 fr. 30 cent.*	24	7 20	*Quittance adressée le 4 février à M. l'agent voyer d'arrondissement.*					
					— 29 janvier 1870. — TRAVAUX TERMINÉS.								
3	*Commune de Saint-Michel.*	1	*Chemins vicinaux ordinaires.* — *Entretien.* — R. N.	*Renaud, entrepreneur.*	*Extraction et cassage à 0m,07 de pierres dures à 5 francs le mètre*	[illegible]	180 00	*Situation et certificat de payement adressés le 4 février.*					

Numéros des carnets. 1	Compte ouvert au livre de comptabilité. Titres. 2	Compte ouvert au livre de comptabilité. Numéros d'ordre. 3	Emplacement et objet des travaux ou des dépenses. 4	Noms des entrepreneurs, fournisseurs, etc. 5	Attachements. 6	Quantités. 7	Argent. 8	Observations, croquis, renseignements de toute nature. 9	Nombre de parties. 10	Dimensions. Longueurs. 11	Dimensions. Largeurs. 12	Dimensions. Hauteurs ou épaisseurs. 13	Longueurs, surfaces, cubes ou poids. Totaux. 14
							fr. c.			mètres.	mètres.	mètres.	
					— 31 janvier 1870. —								
4	*Chemin de grande communication n° 24.*	2	*Indemnités de terrains pour élargissement aux abords du pont de la Planche, sur la commune de Cély.* — R. S.	*Jameau (Jean-Baptiste).*	*Occupation d'une parcelle de vigne portant le n° 12 du plan parcellaire. — Surface*	2a 20c	»	*L'estimation n'a pas été acceptée.*					
				Taleau jeune.	*Idem, parcelle n° 14, à 40 francs l'are*	3 10	124 00	*Acte de vente en date du 24 janvier* } *envoyés le 4 février à M. l'agent voyer d'arrondissement.*					
				Germain (Arthur).	*Idem, parcelle de pré n° 22, à 40 francs l'are.* ...	1 25	50 00	*Idem* .... }					
					— 31 janvier 1870. — TRAVAUX NON TERMINÉS.								
5	*Chemin de grande communication n° 24.*	3	*Travaux neufs par entreprise.* — *Reconstruction d'un aqueduc triple à la Planche, entre Cély et Perthes.* — R. S.	*Decosse, entrepreneur.*	*Matériaux bruts pour chaussée à 5 francs le mètre.*	87m	435 00	*Article compris à la situation de janvier. (Barré en rouge.) Remplacé par l'attachement n° 16.*					

(1) On indiquera par *R. S.* le *réseau subventionné*, et par R. N. S. le réseau non subventionné.

Numéros du carnet. 1	COMPTE ouvert au livre de comptabilité. Titres. 2	Numéros d'ordre. 3	EMPLACEMENT et objet des travaux ou des dépenses. 4	NOMS des entrepreneurs, fournisseurs, etc. 5	ATTACHEMENTS. 6	Quantités. 7	Argent. 8
							fr. c.
					— 31 janvier 1870. — TRAVAUX TERMINÉS.		
6	*Chemin de grande communication n° 24.* —	4	*Travaux neufs par entreprise.* — *Reconstruction d'un aqueduc triple au village de la Planche, sur le rû du Clinc entre Coly et Perches.* — R. S.	*Decosse, entrepreneur.*	*Maçonnerie ordinaire avec mortier de chaux hydraulique, non compris la fourniture des moellons, à 10 francs le mètre cube.....*	29 03	290 30
					Grès dur pour bahuts, dalles de recouvrement, etc. mis en place, compris un gros piquage, à 55 fr. le mètre cube.....	10 87	597 85
					Smillage de parement mis sur moellons de meulière, à 4 fr. 48 cent. le mètre superficiel.....	9 24	41 39
							929 54

OBSERVATIONS, CROQUIS, RENSEIGNEMENTS DE TOUTE NATURE. 9

Élévation d'une demi-tête. — Coupe longitudinale.

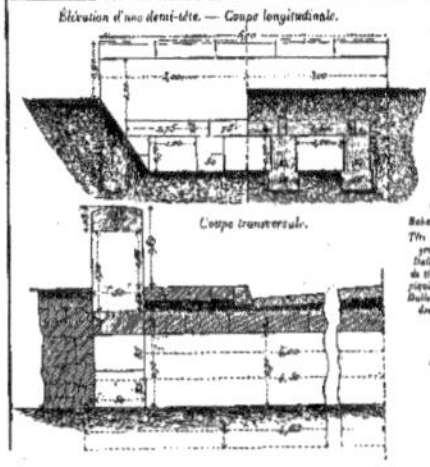

Désignation	Nombre de parties. 10	DIMENSIONS. Longueur. 11	Largeur. 12	Hauteur ou épaisseur. 13	LONGUEURS, surfaces, cubes ou poids. Totaux. 14	
		mètres.	mètres.	mètres.		
MAÇONNERIE ORDINAIRE.						
Culées et piles. Fondations.....	4	9 26	0 58	0 40	8 60	
Culées et piles. Élévation.....	4	8 00	0 50	0 70	11 20	
Murs en retour jusqu'au dessus des dalles, fondations comprises.....	4	0 50	0 50	1 35	1 35	29 03
Remplissage derrière les dalles : 1° Piles.....	2	8 00	0 10	0 20	0 32	
2° Culées.....	2	8 00	0 30	0 20	0 96	
Parapets entre les dalles et le couronnement.....	2	6 00	0 50	1 10	6 60	
GRÈS DUR MIS EN PLACE.						
Bahuts piqués à la grosse pointe.....	2	6 00	0 50	0 25	1 50	
Têtes des piles et des culées à la grosse pointe.....	8	0 70	0 50	0 50	1 40	
Dalles de tête piquées. Ouvertures extrêmes.....	4	1 75	0 50	0 25	0 875	10 87
Dalles de tête piquées. Ouverture du milieu.....	2	1 50	0 50	0 25	0 375	
Dalles intermédiaires seulement dressées.....	3 cours.	8 00	1 40	0 20	6 72	
SMILLAGE DE PAREMENT SUR MOELLONS DE MEULIÈRE.						
Parapets (la face intérieure et les têtes seulement).....	2	7 00	0 66	«	9 24	

Accepté :
L'Entrepreneur,
DECOSSE.

L'Agent voyer cantonal,
DESPORT.

Article compris dans la situation de janvier, envoyée le 4 février.

Numéros du carnet. 1	COMPTE ouvert au livre de comptabilité. Titres. 2	Numéros d'ordre. 3	EMPLACEMENT et objet des travaux ou des dépenses. 4	NOMS des entrepreneurs, fournisseurs, etc. 5	ATTACHEMENTS. 6	Quantités. 7	Argent. 8	OBSERVATIONS, CROQUIS, RENSEIGNEMENTS DE TOUTE NATURE. 9	Nombre de parties. 10	Longueur. 11	Largeur. 12	Hauteur ou épaisseur. 13	Totaux. 14
							fr. c.			mètres.	mètres.	mètres.	
					— 1er février 1870. —								
7	*Commune de Suaviac.*	1	*Entretien de tous les chemins.* — R. S.	*Chapuis, cantonnier.*	*Salaire pendant le mois de janvier.....*	«	70 00	*Feuille de décompte et certificat envoyés à M. l'agent voyer d'arrondissement le 4 février.*					
					— 1er février 1870. —								
8	*Chemin de grande communication n° 11.*	2	*Entretien.* — *Cantonniers.* — R. S.	*Cantonniers.*	*Décompte du mois de janvier.....*	«	213 00	*Idem.*					
					— 1er février 1870. —								
9	*Chemin de grande communication n° 24.*	5	*Entretien.* — *Cantonniers.* — R. S.	*Cantonniers.*	*Décompte du mois de janvier.....*	«	151 00	*Idem.*					

Numéros du carnet. 1	Compte ouvert au livre de comptabilité. Titres. 2	Numéros d'ordre. 3	Emplacement et objet des travaux ou des dépenses. 4	Noms des entrepreneurs, fournisseurs, etc. 5	Attachements. 6	Quantités. 7	Argent. 8	Observations, croquis, renseignements de toute nature. 9	Nombre de parties. 10	Dimensions. Longueur. 11	Dimensions. Largeur. 12	Dimensions. Hauteur ou épaisseur. 13	Longueurs, surfaces, cubes ou poids. Totaux. 14
							fr. c.			mètres.	mètres.	mètres.	
					1er février 1870.								
10	Chemin de grande communication n° 11.	3	Travaux d'entretien en régie. — R. S.	Auxiliaires.	Feuille d'attachements tenue par le cantonnier Buisson, 25 journées à 2 fr. 60 cent........	»	65 00	Rôle adressé le 4 février à M. l'agent voyer d'arrondissement.					
					14 février 1870.								
11	Chemin de grande communication n° 26.	6	Dépenses diverses. — Frais d'études pour la rectification de la côte de Monteran. — R. S.	Delarue, charron.	Fourniture de piquets en bois dur, pour tracé et nivellement, à 10 centimes................	115	11 50	Mémoire adressé le 4 mars à M. l'agent voyer d'arrondissement.					

Numéros du carnet. 1	Compte ouvert au livre de comptabilité. Titres. 2	Numéros d'ordre. 3	Emplacement et objet des travaux ou des dépenses. 4	Noms des entrepreneurs, fournisseurs, etc. 5	Attachements. 6	Quantités. 7	Argent. 8	Observations, croquis, renseignements de toute nature. 9	Nombre de parties. 10	Dimensions. Longueur. 11	Dimensions. Largeur. 12	Dimensions. Hauteur ou épaisseur. 13	Longueurs, surfaces, cubes ou poids. Totaux. 14
							fr. c.			mètres.	mètres.	mètres.	
					15 février 1870.								
12	Commune de Sannois.	2	Indemnités de terrains pour la construction de la partie du chemin vicinal n° 4, entre le Gros-Clos et la rue de l'Abreuvoir. — R. S.	Chalopin (Paul).	Occupation d'une parcelle de vigne n° 3 du plan parcellaire, à 30 francs l'are..............	3a 01	90 30	Avis adressé à la date du 12 février.					
				Lafosse (Victor).	Occupation d'une parcelle de terre n° 5 du plan, à 30 francs l'are..........................	2a 004	60 12	Indemnité acceptée par le propriétaire; acte à passer; certificat dressé le 4 mars.					
							150 42						
					20 février 1870.								
13	Commune de Sannois.	3	Travaux neufs par entreprise. — Construction de la partie du chemin vicinal n° 4 comprise entre le Gros-Clos et la rue de l'Abreuvoir. — R. S.	Luquet, entrepreneur.	TRAVAUX NON TERMINÉS ET APPROVISIONNEMENTS.								
					Fouille, charge et transport de déblais à 150 mètres de distance moyenne, à 80 centimes.........	1,000m	800 00						
					Pierres dures non cassées, à 3 francs..........	60 00	180 00						
							980 00	Situation et certificat de payement adressés le 2 mars.					

Numéros du carnet.	Compte ouvert au livre de comptabilité. Titres.	Numéros d'ordre.	Emplacement et objet des travaux ou des dépenses.	Noms des entrepreneurs, fournisseurs, etc.	Attachements.	Quantités.	Argent.	Observations, croquis, renseignements de toute nature.	Nombre de parties.	Dimensions. Longueur.	Largeur.	Hauteur ou épaisseur.	Longueurs, surfaces, cubes ou poids. Totaux.
1	2	3	4	5	6	7	8	9	10	11	12	13	14
							fr. c.			mètres.	mètres.	mètres.	
					—— 24 février 1870. ——								
					TRAVAUX TERMINÉS.								
14	Chemin de grande communication n° 11.	4	Travaux d'entretien par entreprise. — Section d....... à .... — R. S.	Dupré, entrepreneur.	Pierres dures cassées à l'anneau de 0m,07 à 6f 50c.	120m00	780						
					Pierres dures non cassées à 3 francs..........	60 00	180						
					Gravier brut à 2 fr. 40 cent..............	60 00	144						
							1,104	Article compris dans la situation de février.					

Numéros du carnet.	Compte ouvert au livre de comptabilité. Titres.	Numéros d'ordre.	Emplacement et objet des travaux ou des dépenses.	Noms des entrepreneurs, fournisseurs, etc.	Attachements.	Quantités.	Argent.	Observations, croquis, renseignements de toute nature.	Nombre de parties.	Dimensions. Longueur.	Largeur.	Hauteur ou épaisseur.	Longueurs, surfaces, cubes ou poids. Totaux.
1	2	3	4	5	6	7	8	9	10	11	12	13	14
							fr. c.			mètres.	mètres.	mètres.	
					—— 25 février 1870. ——								
					TRAVAUX NON TERMINÉS ET APPROVISIONNEMENTS.								
15	Chemin de grande communication n° 24.	7	Travaux d'entretien par entreprise. — Section d....... à .... — R. S.	Labat, entrepreneur.	Pierres dures cassées à 0m,07 à 6 fr. 40 cent....	80m00	512						
					Pierres dures non cassées à 3 francs..........	30 00	90						
							602	Article compris à la situation de février.					
					—— 25 février 1870. ——								
					TRAVAUX TERMINÉS.								
16	Chemin de grande communication n° 24.	8	Travaux neufs par entreprise. Reconstruction d'un aqueduc entre Célv et Perthes. — R. S.	Decoste, entrepreneur.	Pierres cassées à 0m,07, à 8 francs..........	120m00	960	Article compris à la situation de février					

Numéros du carnet. 1	Compte ouvert au livre de comptabilité. Titres. 2	Numéros d'ordre. 3	Emplacement et objet des travaux ou des dépenses. 4	Noms des entrepreneurs, fournisseurs, etc. 5	Attachements. 6	Quantités. 7	Argent. 8	Observations, croquis, renseignements de toute nature. 9	Nombre de parties. 10	Dimensions. Longueur. 11	Largeur. 12	Hauteur ou épaisseur. 13	Longueurs, surfaces, cubes ou poids. Totaux. 14
							fr. c.			mètres.	mètres.	m.	
17	Chemin de grande communication n° 24.	9	Travaux neufs par entreprise. — Reconstruction d'un aqueduc entre Cély et Perthes. — R. S.	Decasse, entrepreneur.	— 25 février 1870. — TRAVAUX NON TERMINÉS. Sable pour cylindrage à 3 francs	25^{m}	75 00	(Barré en rouge.) Remplacé par l'attachement n° 22.					
18	Chemin de grande communication n° 11.	5	Travaux d'entretien en régie. — Prestations en nature à la tâche. — R. S.	Divers prestataires de la commune de Sauviac.	— 26 février 1870. — Montant des cotes acquittées, d'après le tarif de rachat	»	520 00	Procès-verbal de constatation adressé le 4 mars.					

Numéros du carnet. 1	Compte ouvert au livre de comptabilité. Titres. 2	Numéros d'ordre. 3	Emplacement et objet des travaux ou des dépenses. 4	Noms des entrepreneurs, fournisseurs, etc. 5	Attachements. 6	Quantités. 7	Argent. 8	Observations, croquis, renseignements de toute nature. 9	Nombre de parties. 10	Dimensions. Longueur. 11	Largeur. 12	Hauteur ou épaisseur. 13	Longueurs, surfaces, cubes ou poids. Totaux. 14
							fr. c.			mètres.	mètres.	mètres.	
19	Chemin de grande communication n° 24.	10	Travaux d'entretien en régie. — Prestations en nature à la tâche. — R. S.	Divers prestataires de la commune de Sauviac.	— 26 février 1870. — Montant des cotes acquittées, d'après le tarif de rachat	»	164 50	(Barré en rouge.) Matériaux remis en compte à l'entrepreneur. — N° 21.					
20	Commune de Saint-Michel.	2	Travaux d'entretien par entreprise. — Chemins vicinaux n°s 3, 5 et 6. — R. S.	Renaud, entrepreneur.	— 27 février 1870. — TRAVAUX TERMINÉS. Pierres dures cassées à l'anneau de 0^{m},07 cubés, à 6 fr. 80 cent.	40^{m}	272 00	Situation et certificat de payement adressés le 4 mars.					

Numéros du carnet. 1	Compte ouvert au livre de comptabilité. Titres. 2	Numéros d'ordre. 3	Emplacement et objet des travaux et des dépenses. 4	Noms des entrepreneurs, fournisseurs, etc. 5	Attachements. 6	Quantités. 7	Argent. 8	Observations, croquis, renseignements de toute nature. 9	Nombre de parties. 10	Dimensions. Longueur. 11	Dimensions. Largeur. 12	Dimensions. Hauteur ou épaisseur. 13	Longueurs, surfaces, cubes ou poids. Totaux. 14
							fr. c.			mètres.	mètres.	mètres.	
					— 27 février 187 . —								
21	Chemin de grande communication n° 24.	11	Travaux neufs par entreprise. — Reconstruction d'un aqueduc entre Cély et Perthes. — R. S.	Decosse, entrepreneur.	TRAVAUX NON TERMINÉS. Procès-verbal de remise de matériaux provenant de prestations, livrés en compte à l'entrepreneur : Pierres brutes dures cumétrées à 6 fr. 53 cent....	41m	267 73	(Barré en rouge.) Remplacé par l'attachement n° 32.					
					— 27 février. —								
22	Chemin de grande communication n° 24.	12	Idem.	Idem.	TRAVAUX NON TERMINÉS. Pierres dures brutes cumétrées à 6 fr. 53 cent....	50m	326 50						
					Sable pour cylindrage à 3 francs............	25	75 00						
							401 50	Article compris à la situation de février.					

Numéros du carnet. 1	Compte ouvert au livre de comptabilité. Titres. 2	Numéros d'ordre. 3	Emplacement et objet des travaux ou des dépenses. 4	Noms des entrepreneurs, fournisseurs, etc. 5	Attachements. 6	Quantités. 7	Argent. 8	Observations, croquis, renseignements de toute nature. 9	Nombre de parties. 10	Dimensions. Longueur. 11	Dimensions. Largeur. 12	Dimensions. Hauteur ou épaisseur. 13	Longueurs, surfaces, cubes ou poids. Totaux. 14
							fr. c.			mètres.	mètres.	mètres.	
					— 28 février 1870. —								
23	Chemin de grande communication n° 24.	13	Dommages. — Extraction de matériaux. — R. S.	Jullemier (Joseph).	Indemnité pour privation de culture sur une parcelle de terrain servant aux prestataires de Saint-Michel pour accéder à une carrière, à 5 francs l'are............	4a 50	22 50	État à la date de ce jour accepté par le propriétaire, adressé le 4 mars à M. l'agent voyer d'arrondissement, pour être soumis à l'approbation préfectorale.					
					— 28 février. —								
24	Chemin de grande communication n° 11.	16	Entretien. — Cantonniers. — R. S.	Cantonniers.	Décompte du mois de février............	»	268 20	Envoyé le 4 mars à M. l'agent voyer d'arrondissement.					
					— 28 février. —								
25	Chemin de grande communication n° 24.	1	Entretien. — Cantonniers. — R. S.	Cantonniers.	Décompte du mois de février............	»	150 20	Idem.					

Numéros du carnet. 1	Compte ouvert au livre de comptabilité. Titres. 2	Compte ouvert au livre de comptabilité. Numéros d'ordre. 3	Emplacement et objet des travaux ou des dépenses. 4	Noms des entrepreneurs, fournisseurs, etc. 5	Attachements. 6	Quantités. 7	Argent. 8	Observations, croquis, renseignements de toute nature. 9	Nombre de parties. 10	Dimensions. Longueur. 11	Dimensions. Largeur. 12	Dimensions. Hauteur ou épaisseur. 13	Longueurs, surfaces, cubes ou poids. Totaux. 14
							fr. c.			mètres.	mètres.	mètres.	
					28 février 1870.								
26	Chemin de grande communication n° 26.	15	Travaux d'entretien en Régie. — R. S.	Auxiliaires.	Feuille d'attachements tenue par le chef cantonnier Manaquin	»	125 90	Feuille d'attachements adressée le 4 mars à M. l'agent voyer d'arrondissement.					
					28 février.								
27	Chemin de grande communication n° 25.	16	Travaux neufs, en Régie. — Construction d'un aqueduc, entre Cély et Perthes. — R. S.	Frapin, fournisseur.	Mémoire du sieur Frapin	»	51 60	Fourniture de bois de charpente. Mémoire adressé le 4 mars.					
					28 février.								
28	Commune de Sauvène.	4	Entretien de tous les chemins. — R. S.	Chapuis, cantonnier.	Salaire pendant le mois de février	»	70 80	Décompte et certificat envoyés le 4 mars à M. l'agent voyer d'arrondissement.					

Numéros du carnet. 1	Compte ouvert au livre de comptabilité. Titres. 2	Compte ouvert au livre de comptabilité. Numéros d'ordre. 3	Emplacement et objet des travaux ou des dépenses. 4	Noms des entrepreneurs, fournisseurs, etc. 5	Attachements. 6	Quantités. 7	Argent. 8	Observations, croquis, renseignements de toute nature. 9	Nombre de parties. 10	Dimensions. Longueur. 11	Dimensions. Largeur. 12	Dimensions. Hauteur ou épaisseur. 13	Longueurs, surfaces, cubes ou poids. Totaux. 14
							fr. c.			mètres.	mètres.	mètres.	
					28 février 1870.								
29	Commune de Saint-Michel.	3	Travaux d'entretien en Régie. — Prestations en nature à la tâche. — R. S.	Divers prestataires de la commune de Saint-Michel.	Montant des cotes acquittées à la tâche, d'après le tarif de rachat	»	218 00	Procès-verbal de constatation et extrait du rôle envoyés le 4 mars.					
					28 février.								
30	Chemin de grande communication n° 11.	7	Travaux d'entretien en Régie. — Section d à .... — R. S.	Berger (Auguste).	Cassage à $0^{m},07$, purgement et emmétrage de pierres dures à 3 fr. 50 cent.	16^{m}	56 00						
				Potel (Pierre).	Extraction de pierres à 1 fr. 50 cent	20	30 00						
				Idem.	Emmétrage de pierres à 20 centimes	20	4 00						
							90 00	État de travaux à la tâche adressé le 4 mars à M. l'agent voyer d'arrondissement.					

Numéros du carnet.	Compte ouvert au livre de comptabilité. Titres.	Numéros d'ordre.	Emplacement et objets des travaux ou des dépenses.	Noms des entrepreneurs, fournisseurs, etc.	Attachements.	Quantités.	Argent.	Observations, croquis, renseignements de toute nature.	Nombre de parties.	Dimensions. Longueur.	Largeur.	Hauteur ou épaisseur.	Longueurs, surfaces, cubes ou poids. Totaux.
1	2	3	4	5	6	7	8	9	10	11	12	13	14
							fr. c.			mètres.	mètres.	mètres.	
					— *28 février 1870.* —								
31	*Commune de Sauviac.*	*5*	*Travaux neufs en Régie.* — *Chemin vicinal n° 6.* — *R. S.*	*Rôle de prestation.*	*Terrassements à la tâche.....................*	*»*	*358 00*	*Procès-verbal de constatation et extrait de rôle adressés le 4 mars.*					
					— *28 février.* —								
32	*Commune de Saint-Michel.*	*4*	*Travaux d'entretien en Régie.* — *Tous les chemins vicinaux.* — *R. S.*	*Auxiliaires.*	*Feuille d'attachements du sieur Leroy.........*	*»*	*98 00*	*Feuille d'attachements et certificat de payement adressés le 4 mars.*					

Numéros du carnet.	Compte ouvert au livre de comptabilité. Titres.	Numéros d'ordre.	Emplacement et objets des travaux ou des dépenses.	Noms des entrepreneurs, fournisseurs, etc.	Attachements.	Quantités.	Argent.	Observations, croquis, renseignements de toute nature.	Nombre de parties.	Dimensions. Longueur.	Largeur.	Hauteur ou épaisseur.	Longueurs, surfaces, cubes ou poids. Totaux.
1	2	3	4	5	6	7	8	9	10	11	12	13	14
							fr. c.			mètres.	mètres.	mètres.	

MINISTÈRE
DE L'INTÉRIEUR.

DÉPARTEMENT
d

ARRONDISSEMENT
d

CIRCONSCRIPTION
de

COMMUNE
d

Le sieur *Manaquin*,
surveillant.

(1) Subventionné *ou* non subventionné.

(2) Travaux d'entretien. Grosses réparations. Travaux neufs.

(3) Indiquer le travail particulier.

MODÈLE N° 20.

Art. 181 de l'Instruction générale.

Art. 80 du Règlement.

Format 0m,21 sur 0m,31

SERVICE VICINAL.

CHEMIN DE *GRANDE* COMMUNICATION N° *24*.

RÉSEAU (1) *SUBVENTIONNÉ.*

ENTRETIEN (2). *(Tout le chemin.)*

Ire FEUILLE D'ATTACHEMENTS

Des journées d'ouvriers employés du 1er février *au* 28 février *1870*,
pour (3) ouverture de fossés.

ORGANISATION ET POLICE DES ATELIERS.

Les ouvriers sont au travail :

Du 1er avril au 1er octobre, de h. du matin à h. du soir. Le reste de l'année, du point du jour à la nuit.

Du 1er mars au 31 octobre il est accordé heures de repos par jour, le matin de h. à h., le soir de h. à h., et de h. à h. Il y a conséquemment reprises de travail par jour.

Pendant le reste de l'année, il n'est accordé qu heure de repos, de heures à , et de heures à ; il n'y a dès lors que reprises.

En cas d'absence ou à défaut de travail, il n'est compté à l'ouvrier que le temps utilement employé.

TENUE DE LA FEUILLE.

ART. 80, § 2, du Règlement. La case réservée à chaque ouvrier contient, pour chaque journée, autant de divisions qu'il y a de reprises de travail. On pointe comme absent l'ouvrier qui ne se présente pas au commencement d'une reprise ou quitte le travail avant la fin. *Les cases restées en blanc au bas de la feuille sont également pointées à chaque reprise, comme si elles concernaient des absents.*

VÉRIFICATION DE LA FEUILLE.

Tout agent appelé à vérifier et à viser une feuille d'attachements de journées doit, en arrivant sur l'atelier, faire l'appel nominal des ouvriers et s'assurer s'il y a concordance, au moment de l'appel, entre cette feuille et l'effectif des travailleurs. Dans le cas de l'affirmative, il inscrit simplement : *conforme à l'effectif.* Dans le cas contraire, il signale les différences.

Il additionne les journées et fractions de journées portées sur la feuille et en certifie le total avec sa signature.

Numéros d'ordre.	NOMS ET PRÉNOMS.	DOMICILES.	PROFESSIONS.	DATES 1.	2.	3.	4.	5.	6	7.	8.	9.	10.	11.	12.	13.	14.	15.
1	Breton (Philippe). .	Sansiac.	Terrassier.	•	•	•				•							•	
2	Benel (Antoine) . . .	Idem.	Idem.	•	•	•				•							•	
3	Lamy (Georges). . . .	Saint-Michel.	Idem.	•	•	•		•	•	•	•	•			•	•	•	•
4	Michet (Jacques). .	Idem.	Idem.	•	•	•			•	•							•	
5	Laurent (Ernest). .	Idem.	Voiturier à 1 cheval.	•	•	•	•	•	•	•	•	•	•	•	•	•	•	•
6				•	•	•	•	•	•	•	•	•	•	•	•	•	•	•
7				•	•	•	•	•	•	•	•	•	•	•	•	•	•	•
8				•	•	•	•	•	•	•	•	•	•	•	•	•	•	•
9				•	•	•	•	•	•	•	•	•	•	•	•	•	•	•
10				•	•	•	•	•	•	•	•	•	•	•	•	•	•	•
11				•	•	•	•	•	•	•	•	•	•	•	•	•	•	•
12				•	•	•	•	•	•	•	•	•	•	•	•	•	•	•
13				•	•	•	•	•	•	•	•	•	•	•	•	•	•	•
14				•	•	•	•	•	•	•	•	•	•	•	•	•	•	•
15				•	•	•	•	•	•	•	•	•	•	•	•	•	•	•
	Totaux			0	0	0	4	3	2	0	3	3	4	4	3	3	0	3

Numéros d'ordre.	DU MOIS. 16.	17.	18.	19.	20.	21.	22.	23.	24.	25.	26.	27.	28.	29.	30.	31.	TOTAL des journées ou des heures.		PRIX de la journée ou de l'heure. f.	c.	SOMMES à payer. f.	c.	DATES, VISA et résultats des vérifications.
1						•	•	•	•	•	•	•	•	•	•	•	15	»	2	00	30	00	
2						•			•	•	•	•	•	•	•	•	17	50	2	00	35	00	
3	•	•				•							•	•	•	•	12	»	1	50	18	00	
4						•							•	•	•	•	20	»	1	50	30	00	
5	•	•	•	•	•	•			•	•	•	•	•	•	•	•	2	»	6	00	12	00	
6	•	•	•	•	•	•	•	•	•	•	•	•	•	•	•	•	»	»	»	»	»	»	
7	•	•	•	•	•	•	•	•	•	•	•	•	•	•	•	•							
8	•	•	•	•	•	•	•	•	•	•	•	•	•	•	•	•							
9	•	•	•	•	•	•	•	•	•	•	•	•	•	•	•	•							
10	•	•	•	•	•	•	•	•	•	•	•	•	•	•	•	•							
11	•	•	•	•	•	•	•	•	•	•	•	•	•	•	•	•							
12	•	•	•	•	•	•	•	•	•	•	•	•	•	•	•	•							
13	•	•	•	•	•	•	•	•	•	•	•	•	•	•	•	•							
14	•	•	•	•	•	•	•	•	•	•	•	•	•	•	•	•							
15	•	•	•	•	•	•	•	•	•	•	•	•	•	•	•	•							
Totaux	3	3	4	4	4	0	4	4	230	2	2	2	0	0	0	0	66	50			125	00	

La présente feuille certifiée par le surveillant soussigné.

A , le 18 .

INDICATION DES TRAVAUX EFFECTUÉS. 1	QUANTITÉS. 2	OBSERVATIONS. 3
Ouverture de fossés.	*312^m 50^c*	*Fossés dans la terre mêlée de pierrailles.*

Le présent état de *soixante-six* journées *cinquante centièmes*, montant à la somme de *cent vingt-cinq francs*, vérifié par l'agent voyer soussigné et inscrit sous le n° *26* de son carnet.

A , le 18 .

Arrêté à la somme de
par l'agent voyer d'arrondissement soussigné

A , le 18 .

MINISTÈRE
DE L'INTÉRIEUR.

DÉPARTEMENT
d

ARRONDISSEMENT
d

CIRCONSCRIPTION
d

COMMUNE
d (3)

Exercice 1870.

Mois de février.

Modèle n° 21.

Art. 182
de l'Instruction générale.

Art. 81
du Règlement.

Format : 0m,17 sur 0m,25 ou 0m,25 sur 0m,34.

SERVICE VICINAL.

CHEMIN DE *GRANDE* COMMUNICATION N° *11*.

RÉSEAU (1) *SUBVENTIONNÉ*.

ÉTAT

DES TRAVAUX EXECUTÉS À LA TÂCHE

Du 1er *au* 28 février *inclusivement.*

NUMÉROS du carnet. 1	NOMS, PRÉNOMS, PROFESSIONS ET DOMICILES des parties prenantes. 2	DÉSIGNATION et dimension des travaux exécutés à la tâche. 3	QUANTITÉS partielles. 4	TOTAUX. 5	PRIX. 6	PRODUITS partiels. 7	PRODUITS totaux par partie prenante. 8	SIGNATURE pour émargement. 9
	(2)				fr. c.	fr. c.	fr. c.	
30	*Berger (Auguste), casseur de pierres, à Sauviac.*	*Cassage de pierres*. .	*16m*	*16m*	*3 50*	*56 00*	*56 00*	
30	*Potel (Pierre), carrier, à Saint-Michel.*	*Extraction de pierres à la carrière Saint-Éloi*.	*12*					
	Le même.	*Extraction de pierres à la carrière du Trou-à-Marne*. . .	*8*	*20*	*1 50*	*30 00*	*"*	
	Le même.	*Emmètrage*.	*20*	*20*	*0 20*	*4 00*	*34 00*	
		A reporter.					*90 00*	

(1) Subventionné *ou* non subventionné.
(2) Entretien, grosses réparations *ou* travaux neufs.
(3) Pour les chemins vicinaux ordinaires.

NUMÉROS du carnet. 1	NOMS, PRÉNOMS, PROFESSIONS ET DOMICILES des parties prenantes. 2	DÉSIGNATION et dimensions des travaux exécutés à la tâche. 3	QUANTITÉS partielles. 4	TOTAUX. 5	PRIX. 6	PRODUITS partiels. 7	PRODUITS totaux par partie prenante. 8	SIGNATURE pour émargement. 9
							fr. c.	
		Report.......					90 00	
		TOTAL.......					90 00	

Vu et VÉRIFIÉ par l'agent voyer d'arrondissement soussigné, l'état ci-dessus, montant à la somme de *quatre-vingt-dix francs.*

A , le 18 .

Le présent état, montant à la somme de *quatre-vingt-dix francs*, dressé et inscrit sous le n° *30* du carnet, par l'agent voyer soussigné, qui certifie que ladite somme peut être payée aux ayants droit.

A , le 18 .

Vu et APPROUVÉ

Le (2)

Vu et PRÉSENTÉ par l'agent voyer en chef du département (1)

N°

CHAPITRE

ARTICLE

Commune de

MANDAT DE PAYEMENT.

EXERCICE 187 ,

Fonds affectés aux chemins vicinaux ordinaires.

M. le Receveur municipal payera la somme de (3) au dénommé sur la remise des pièces et pour les objets de dépense désignés ci-après :

PARTIE PRENANTE.	OBJET DU PAYEMENT.	SOMME MANDATÉE.	PIÈCES À PRODUIRE À L'APPUI DU PAYEMENT.
M. demeurant à			

Le présent mandat, dûment quittancé, sera alloué dans le compte de gestion du receveur municipal, en rapportant les pièces ci-dessus relatées.

Fait à , le 187 .

Le Maire,

Pour acquit de la somme énoncée ci-dessus. (4)

A , le 187 .

(1) Ce visa sera supprimé pour les chemins vicinaux ordinaires.

(2) *Le Préfet*, pour les chemins de grande communication et d'intérêt commun; *le Maire*, pour les chemins vicinaux ordinaires.

(3) Mettre la somme en toutes lettres.

(4) La partie prenante n'a besoin que de dater et signer.

MINISTÈRE
DE L'INTÉRIEUR.

DÉPARTEMENT
d

ARRONDISSEMENT
d

CIRCONSCRIPTION
d

COMMUNE
d (4)

EXERCICE 1870.

SOMME À PAYER :
51 fr. *60* cent.

MODÈLE N° 22.

Art. 183
de l'Instruction générale.

Art. 82
du Règlement.

Format : 0m,17 sur 0m,25.

SERVICE VICINAL.

CHEMIN DE *GRANDE* COMMUNICATION N° *24*.

RÉSEAU(1) *SUBVENTIONNÉ*.

Entre *Cély* et *Perthes*.

Construction d'un aqueduc.

MÉMOIRE de *fourniture faite* par le *Sr Frapin, marchand de bois*, demeurant à *Fleury*, pour (3) *passage provisoire.*

NUMÉROS des ARTICLES. 1	DATES. 2	INDICATION DÉTAILLÉE des OUVRAGES OU FOURNITURES. 3	QUANTITÉS. 4	PRIX de L'UNITÉ. 5	SOMMES DUES. 6 fr.	c.
		(2)				
1	*28 février 1870*..	*Madriers de 0m,22 sur 0m,08*....	*34m,40*	*1f 50c*	*51*	*60*
		A reporter			*51*	*60*

(1) Subventionné ou non subventionné.
(2) Entretien, grosses réparations ou travaux neufs.
(3) Indication du travail particulier auquel les ouvrages ou fournitures ont été spécialement affectés.
(4) Pour les chemins vicinaux ordinaires.

NUMÉROS des ARTICLES. 1	DATES. 2	INDICATION DÉTAILLÉE des OUVRAGES OU FOURNITURES. 3	QUANTITÉS. 4	PRIX de L'UNITÉ. 5	SOMMES DUES. 6 fr.	c.
		Report..................	....	....	*51*	*60*
		TOTAL..................................			*51*	*60*

L'agent voyer soussigné certifie avoir pris en charge les objets portés au mémoire d'autre part, sous le numéro
et l avoir inscrit sur son inventaire sous le numéro

A

Dressé et certifié le présent mémoire s'élevant à la somme de (1) *cinquante et un francs soixante centimes* par le soussigné.

A *Fleury*, le *février* 1*870*.

Vu et présenté par l'agent voyer en chef du département (2)

Le présent mémoire, montant à la somme de *cinquante et un francs soixante centimes*, inscrit sous le n° *27* du carnet, par l'agent voyer soussigné, qui certifie que ladite somme peut être payée à l'ayant droit.

A , le 18 .

Vu et approuvé :
Le (3)

Vu et vérifié par l'agent voyer d'arrondissement soussigné, le mémoire ci-dessus, s'élevant à la somme de

A , le 18 .

(4)
MANDAT DE PAYEMENT.
(Voir modèle n° 21.)

Pour acquit de la somme ci-dessus :

A , le

(1) Mettre la somme en toutes lettres.
(2) Ce visa sera supprimé pour les chemins vicinaux ordinaires.
(3) *Le Préfet*, pour les chemins de grande communication et d'intérêt commun; *le Maire*, pour les chemins vicinaux ordinaires.
(4) Pour les chemins vicinaux ordinaires.

MINISTÈRE
DE L'INTÉRIEUR.

DÉPARTEMENT
d

ARRONDISSEMENT
d

CIRCONSCRIPTION
d

COMMUNE
d (5)

EXERCICE 1870.

Somme à payer :
7 fr. 20 cent.

L'agent voyer soussigné certifie avoir pris en charge les objets portés à la présente quittance sous les n^os et les avoir inscrits sur son inventaire, sous les n^os

le

MODÈLE N° 22 *bis.*

Art. 183
de l'Instruction générale.

Art. 82
du Règlement.

Format : 0^m,17 sur 0^m,26.

SERVICE VICINAL.

CHEMIN DE *GRANDE* COMMUNICATION N° *11.*

RÉSEAU (1) *SUBVENTIONNÉ.*

ENTRETIEN. (*Tout le chemin.*)

QUITTANCE

POUR DÉPENSES N'EXCÉDANT PAS DIX FRANCS.

QUITTANCE remise par le Sr *Debat, épicier à Fleury,* de la somme de *sept francs vingt centimes,* pour les *fournitures* ci-après :

NUMÉROS DES ARTICLES. 1	DATE DE LA LIVRAISON. 2	DÉTAIL. 3	PRIX DE L'UNITÉ. 4	MONTANT. 5
1	*29 janvier 1870 ...*	*24 balais de bouleau forts..........*	*0^f 30^c*	*7^f 20^c*
		TOTAL............	....	*7 20.*

VU et APPROUVÉ :
Le (4)

A *Fleury,* le *30 janvier* 1870.
Le fournisseur,

CERTIFIÉ et inscrit sous le n° 2 du carnet par l'agent voyer cantonal soussigné.
A , le 18 .

(5)
MANDAT DE PAYEMENT.
(Voir modèle n° 21.)

VÉRIFIÉ par l'agent voyer d'arrondissement.
A , le 18 .

VU par l'agent voyer en chef (3).
A , le 18 .

(1) Subventionné *ou* non subventionné.
(2) Entretien, grosses réparations *ou* travaux neufs.
(3) Ce visa sera supprimé pour les chemins vicinaux ordinaires.
(4) *Le Préfet,* pour les chemins de grande communication et d'intérêt commun ; *le Maire,* pour les chemins vicinaux ordinaires.
(5) Pour les chemins vicinaux ordinaires.

MINISTÈRE
DE L'INTÉRIEUR.

DÉPARTEMENT
d

ARRONDISSEMENT
d

CIRCONSCRIPTION
d

(3) COMMUNE
d

SITUATION N° 1er.

(1) Subventionné ou non subventionné.
(2) Entretien, grosses réparations, travaux neufs.
(3) Pour les chemins vicinaux ordinaires.

SERVICE VICINAL.

RÉSEAU (1) *SUBVENTIONNÉ.*

CHEMIN DE *GRANDE* COMMUNICATION N° *24.*

MODÈLE N° 23.

Art. 184
de l'Instruction générale.

Art. 83
du Règlement.

Format : 0m,21 sur 0m,31.

EXERCICE *1870.*

Le sieur *Decosse,*
entrepreneur.

Situation au 31 janvier 1870 des travaux et approvisionnements effectués
pour la construction d'un aqueduc entre Cély et Perthes.

NUMÉROS d'ordre du carnet.	INDICATION DES OUVRAGES.	QUANTITÉS.	NUMÉROS des sous-détails.	PRIX de L'UNITÉ.	DÉPENSES par ARTICLE.	DÉPENSES PAR NATURE DE TRAVAUX (A) depuis la dernière situation.	DÉPENSES PAR NATURE DE TRAVAUX (A) TOTALES.	OBSERVATIONS.
1	2	3	4	5	6	7	8	9
	(2) 1° TRAVAUX TERMINÉS.							(A) Travaux terminés ou non terminés.
	Report des *travaux terminés* (rabais non déduit)… des années antérieures…	………	……	……	………	………	*1,250f 00c*	
	Report des *travaux terminés* (rabais non déduit)… depuis le commencement de l'année..	………	……	……	………	″	″	
6	*Maçonnerie ordinaire non compris fourniture de matériaux*………	*29m,03*	*6*	*10f 00c*	*290f 30c*			
	Grès pour bahuts et dalles de recouvrement, compris un gros piquage…….	*10 87*	*8*	*55 00*	*597 85*			
	Smillage de parements vus sur meulière…	*9 24*	*12*	*4 48*	*41 39*			
	TOTAL des *travaux terminés* depuis la dernière situation..				———	*929 54*	*929f 54c*	
	TOTAL GÉNÉRAL des *travaux terminés*……						*2,179 54*	

NUMÉROS d'ordre du carnet. 1	INDICATION DES OUVRAGES. 2	QUANTITÉS. 3	NUMÉROS des sous-détails. 4	PRIX de L'UNITÉ. 5	DÉPENSES par ARTICLE. 6	PAR NATURE DE TRAVAUX (A) depuis la dernière situation. 7	TOTALES. 8	OBSERVATIONS. 9
	Report des *travaux terminés*	......	......	......	....	*929 54*	*2,179^f 54^c*	(A) Travaux terminés ou non terminés.
	2° TRAVAUX NON TERMINÉS ET APPROVISIONNEMENTS.							
5	*Matériaux bruts pour chaussée*	*87^m,00^c*	*4*	*5^f 00^c*	*435^f 00^c*			
	TOTAL des *travaux non terminés*					*435 00*	*435 00*	
	TOTAL des *travaux terminés et non terminés*					*1,364 54*	*2,614 54*	
	A déduire le rabais de *10 p. 0/0*					*136 45*	*261 45*	
	RESTE à compter					*1,228 09*	*2,353 09*	
	A déduire les prestations, travaux ou approvisionnements remis à l'entrepreneur.					*"*	*900 00*	
	RESTE dû en argent					*1,228 09*	*1,453 09*	

Décompte des travaux et approvisionnements remis en compte à l'entrepreneur.

NUMÉRO d'ordre du carnet et date de la remise. 1	EMPLACEMENT DES TRAVAUX et approvisionnements. 2	INDICATION DES TRAVAUX ou prestations. 3	DÉCOMPTE ET VALEUR DES TRAVAUX et approvisionnements d'après le tarif de la prestation. Journées. 4	Tâches. 5	Prix de l'unité. 6	Produit. 7	DÉCOMPTE D'APRÈS LES PRIX du bordereau ou des sous-détails. Prix de l'unité. 8	Produit. 9	DIFFÉRENCES. En plus. 10	En moins. 11	OBSERVATIONS. 12
		TOTAUX									
	A déduire le rabais de										
		RESTE									

Vu et VÉRIFIÉ par l'agent voyer d'arrondissement.

A , le 18 .

DRESSÉ et CERTIFIÉ par l'agent voyer cantonal soussigné, conforme aux écritures du carnet.

A , le 18 .

MINISTÈRE
DE L'INTÉRIEUR.

DÉPARTEMENT
d

ARRONDISSEMENT
d

CIRCONSCRIPTION
d

(3) COMMUNE
d

SITUATION N° 2.

(1) Subventionné ou non subventionné.
(2) Entretien, grosses réparations, travaux neufs.
(3) Pour les chemins vicinaux ordinaires.

SERVICE VICINAL.

RÉSEAU (1) *SUBVENTIONNÉ.*

CHEMIN DE *GRANDE* COMMUNICATION N° *24.*

MODÈLE N° 23.

Art. 184
de l'Instruction générale.

Art. 83
du Règlement.

Format : 0m,21 sur 0m,31.

EXERCICE *1870.*

Le sieur *Decosse*, entrepreneur.

Situation au 28 février 1870 des travaux et approvisionnements effectués pour la construction d'un aqueduc entre Cély et Perthes.

NUMÉROS d'ordre du carnet. 1	INDICATION DES OUVRAGES. 2	QUANTITÉS. 3	NUMÉROS des sous-détails. 4	PRIX de L'UNITÉ. 5	DÉPENSES par ARTICLE. 6	PAR NATURE DE TRAVAUX (A) depuis la dernière situation. 7	TOTALES. 8	OBSERVATIONS. 9
	(2) 1° TRAVAUX TERMINÉS.							(A) Travaux terminés ou non terminés.
	Report des travaux terminés (rabais non déduit)...... des années antérieures............	....	.....	.....	....	....	*1,250f 00c*	
	depuis le commencement de l'année..	....		.....	....	*929f 54c*		
16	*Pierres cassées à 0m,07*..............	*120m,00c*	*7*	*8f 00*	*960f 00c*			
	TOTAL des travaux terminés depuis la dernière situation...				....	*960 00*		
	TOTAL des travaux terminés depuis le commencement de l'année.				....	*1,889 54*	*1,889 54*	
	TOTAL GÉNÉRAL des *travaux terminés*.......				....	....	*3,139 54*	

NUMÉROS d'ordre du carnet. 1	INDICATION DES OUVRAGES. 2	QUANTITÉS. 3	NUMÉROS des sous-détails. 4	PRIX de L'UNITÉ. 5	DÉPENSES par ARTICLE. 6	DÉPENSES PAR NATURE DE TRAVAUX (A) depuis la dernière situation. 7	DÉPENSES PAR NATURE DE TRAVAUX (A) TOTALES. 8	OBSERVATIONS. 9
	Report des *travaux terminés*..........	....	.....	.....	....	*1,889f 54c*	*3,139f 54c*	(A) Travaux terminés ou non terminés.
	2° TRAVAUX NON TERMINÉS ET APPROVISIONNEMENTS.	....	.....	.....	....			
22	*Pierres dures emmétrées*.............	*50m 00c*	*3 et 4*	*6f 53c*	*320f 50c*			
	Sable pour cylindrage..............	*25 00*	*13*	*3 00*	*75 00*			
	Total des travaux *non terminés*......					*401 50*	*401 50*	
	Total des travaux *terminés et non terminés*......					*2,291 04*	*3,541 04*	
	A déduire le rabais de *10 p. 0/0*......					*229 10*	*354 10*	
	Reste à compter......					*2,061 94*	*3,186 94*	
	A déduire les travaux, prestations ou approvisionnements remis à l'entrepreneur.					*240 96*	*1,140 96*	
	Reste dû en argent......					*1,820 98*	*2,045 98*	

Décompte des travaux et approvisionnements remis en compte à l'entrepreneur.

NUMÉRO d'ordre du carnet et date de la remise. 1	EMPLACEMENT DES TRAVAUX et approvisionnements. 2	INDICATION DES TRAVAUX ou prestations. 3	DÉCOMPTE ET VALEUR DES TRAVAUX et approvisionnements d'après le tarif de la prestation. Journées. 4	Tâches. 5	Prix de l'unité. 6	Produit. 7	DÉCOMPTE D'APRÈS LES PRIX du bordereau ou des sous-détails. Prix de l'unité. 8	Produit. 9	DIFFÉRENCES. En plus. 10	En moins. 11	OBSERVATIONS. 12
21 *27 fév.*	*Construction d'un aqueduc.*	*Pierres brutes*...	.....	*41m 00*	*4f 50c*	*184f 50c*	*6f 53c*	*267f 73c*			
		Rabais de 10 p. o/o....	.....	.....	.....	......	.....	*26 77*			
		Reste....	.....	.....	.....	......	.....	*240 96*	*56f 46c*	*"*	

Vérifié par l'agent voyer d'arrondissement.

A , le 18 .

Dressé et certifié par l'agent voyer cantonal soussigné, conforme aux écritures du carnet.

A , le 18 .

MINISTÈRE
DE L'INTÉRIEUR.

DÉPARTEMENT
d

ARRONDISSEMENT
d

COMMUNE
d (4)

EXERCICE 1870.

SERVICE VICINAL.

Modèle n° 24.

Art. 185
de l'Instruction générale.

Art. 84
du Règlement.

Format : 0m,21 sur 0m,31.)

PROCÈS-VERBAL

DE REMISE DE TRAVAUX, APPROVISIONNEMENTS OU JOURNÉES (1).

CHEMIN DE *GRANDE* COMMUNICATION N° *24*.

RÉSEAU (2) *SUBVENTIONNÉ.*

Le *27 février* 1870

Nous soussigné, agent voyer , en présence de M. le maire de la commune de *Sauviac,* avons fait au sieur *Decosse,* entrepreneur, remise d'approvisionnements et de travaux ou journées, provenant de *prestations.*

Ces approvisionnements et ces travaux ou journées, estimés aux prix de l'adjudication passée au profit dudit sieur *Decosse*, sont les suivants, SAVOIR :

DÉSIGNATION DES (5). 1	DÉSIGNATION DES TRAVAUX, APPROVISIONNEMENTS ou journées. 2	QUANTITÉS. 3	PRIX. 4	NUMÉROS du BORDEREAU ou des sous-détails. 5	PRODUIT. 6	OBSERVATIONS. Détail de la composition de certains prix. 7
Entre Cély et Perthes. Construction d'un aqueduc.	(3) *Pierres brutes*.............	*41m,00*	*6f 53c*	*3–4*	*267f 73c*	*Extraction et choix*.. 2 20 *Transport*....... 3 74 5 94 *Bénéfice 1/10e*..... 0 59 6 53
TOTAL..........................					267 73	
A DÉDUIRE le rabais de *10* p. o/o..........................					26 77	
RESTE pour le montant des travaux et approvisionnements remis en compte.					240 96	

Ils s'élèvent à la somme totale de *deux cent quarante francs quatre-vingt-seize centimes.*

Le présent procès-verbal, dressé en *double* expédition, dont l'une a été remise au sieur *Decosse*, a été inscrit sous le n° *21* du carnet.

Le Maire, *L'Entrepreneur,* *L'Agent voyer*

(1) Les travaux, approvisionnements ou journées, provenant de la prestation, effectués dans le courant de l'année, feront l'objet d'une remise spéciale.
(2) Subventionné *ou* non subventionné.
(3) Entretien, grosses réparations *ou* travaux neufs.
(4) Pour les chemins vicinaux ordinaires.
(5) Des *sections du chemin*, pour la grande et la moyenne vicinalité; des *chemins*, pour la petite vicinalité.

MINISTÈRE
DE L'INTÉRIEUR.

DÉPARTEMENT
d

ARRONDISSEMENT
d

CIRCONSCRIPTION
d

SERVICE VICINAL.

CHEMIN DE *GRANDE* COMMUNICATION N° *24*.

RÉSEAU (1) *SUBVENTIONNE*.

MODÈLE N° 25.

Art. 186
de l'Instruction générale.

Art. 85
du Règlement.

(Format : 0m,21 sur 0m,31.)

DÉCOMPTE DES CANTONNIERS.

Mois de *février 1870*.

NUMÉROS du LIVRE de compta-bilité. 1	NOMS DES CANTONNIERS. 2	DOMICILE. 3	CLASSES. 4	SA-LAIRES du MOIS. 5	INDEM-NITÉS pour DÉPLA-CEMENTS ou grati-fications. 6	TOTAL. 7	RE-TENUES ou AMENDES. 8	SOMMES DUES. 9	À DÉDUIRE : RETENUES pour caisse de *retraite*. 10	À DÉDUIRE : RETENUES pour caisse de *secours*. 11	RESTE à PAYER au can-tonnier. 12	OBSERVATIONS 13
				fr. c.	fr. c.	fr. c.	fr. c.	fr. c.	fr. c.	fr. c.	fr. c.	
14	*Galina*..........	*St-Michel.*	*Chef.*	*70 00*	*3 00*	*73 00*	»	*73 00*	*5 00*	*1 00*	*67 00*	
	Botcard........	*Sauviac.* .	*2e classe.*	*50 00*	*2 00*	*52 00*	*1 50*	*50 50*	*3 00*	*0 50*	*47 00*	
	Chabaud........	*St-Martial*	*3e classe.*	*45 00*	»	*45 00*	*18 30*	*26 70*	*3 00*	*0 50*	*23 20*	
	Total pour le mois.................							*150 20*	*11 00*	*2 00*	*137 20*	
	Dépenses faites pendant les mois précédents...........							*151 00*	*11 00*	*2 00*	*138 00*	
	Total..................							*301 20*	*22 00*	*4 00*	*275 20*	

Vu par l'agent voyer d'arrondissement :

Le présent décompte des sommes dues pour le mois de *février* certifié par l'agent voyer cantonal soussigné et inscrit sous le *n° 25* de son carnet.

A , le 18 .

(1) Subventionné ou non subventionné.

MINISTÈRE
DE L'INTÉRIEUR.

DÉPARTEMENT
d

ARRONDISSEMENT
d

CIRCONSCRIPTION
d

COMMUNE
d

(1) Subventionné ou non-subventionné.

SERVICE VICINAL.

CHEMINS VICINAUX ORDINAIRES.

RÉSEAU (1)

MODÈLE N° 25 *bis*.

Art. 186
de l'Instruction générale.

Art. 85
du Règlement.

Format : $0^m,17$ sur $0^m,25$.

DÉCOMPTE d cantonnier employé pendant le mois d
pour l'entretien des chemins vicinaux ordinaires.

NUMÉRO du livre de comptabilité. 1	NOM D CANTONNIER. 2	NOMBRE DE JOURS ou de mois à payer. 3	SALAIRE PAR JOUR ou par mois. 4	TOTAL. 5	A DÉDUIRE pour absence ou pour retenues. 6	A AJOUTER pour indemnité ou gratification. 7	RESTE à PAYER. 8	OBSERVATIONS. 9
	TOTAL à payer........							

Le présent décompte de la somme due pour le mois d
s'élevant à
certifié par l'agent voyer cantonal et inscrit sous le n° de son carnet.

Vu par le Maire : A , le 187 .

MANDAT DE PAYEMENT. (Voir le modèle n° 21.)

Vu par l'agent voyer d'arrondissement :

MINISTÈRE
DE L'INTÉRIEUR.

DÉPARTEMENT
d

ARRONDISSEMENT
d

MODÈLE N° 26.

Art. 187 à 190
de l'Instruction générale.

Art. 86 à 89
du Règlement.

Format : $0^m,275$ sur $0^m,44$.

SERVICE VICINAL.

CIRCONSCRIPTION D

LIVRE DE COMPTABILITÉ

DE

L'AGENT VOYER CANTONAL.

M. AGENT VOYER CANTONAL.

Modèle n° 26 A.

PREMIÈRE PARTIE.

CHEMINS DE GRANDE COMMUNICATION.

MODÈLE N° 26 A.

(1) Subventionné ou non subventionné.

Ire PARTIE. — CHEMINS DE GRANDE COMMUNICATION.

REPERTOIRE.

NUMÉROS DES CHEMINS. 1	NUMÉROS DES PAGES DES COMPTES OUVERTS au livre de comptabilité. 2	NUMÉROS DES CHEMINS. 1	NUMÉROS DES PAGES DES COMPTES OUVERTS au livre de comptabilité. 2
Réseau (1)			

Modèle n° 26 B.

PREMIÈRE PARTIE.

CHEMINS DE GRANDE COMMUNICATION.

COMPTES OUVERTS.

CHEMIN DE GRANDE COMMUNICATION N° 11.

(1) Subventionné ou non subventionné.

RÉSEAU (1) *SUBVENTIONNÉ.*

Numéros du carnet.	Numéros d'ordre.	Indication des travaux et des pièces adressées.	Dates de l'envoi des pièces.	Cantonniers. — Crédit de 1,100 f.	Entretien. Entreprise du Sr Durand. Rabais de 4 p. 0/0. Crédit de 2,800 francs. Travaux terminés, rabais non déduit.	Travaux non terminés, rabais non déduit.	Total. — Rabais déduit. Nature.	Total. — Rabais déduit. Argent.	Travaux en régie. — Crédit de 2,500 francs. Nature.	Travaux en régie. Argent.	Grosses réparations. Entreprise du Sr Rabais de Crédit de Travaux terminés, rabais non déduit.	Travaux non terminés, rabais non déduit.	Total. — Rabais déduit. Nature.	Total. — Rabais déduit. Argent.	Travaux en régie. — Crédit de Nature.	Travaux en régie. Argent.
1	2	3	4	5	6	7	8	9	10	11	12	13	14	15	16	17
				fr. c.	fr. c.	fr. c.	fr. c.	fr. c.	fr. c.	fr. c.	fr. c.	fr. c.	fr. c.	fr. c.	fr. c.	fr. c.
		Report des années antérieures.	....	»	»	»	»	»	»	»		»			»	»
3	1	Quittance Debat.	4 février..	»	»	»	»	»	»	7 20						
8	2	Salaire de janvier.	Idem.	213 60	»	»	»	»	»	»						
10	3	Feuille d'attachements Buisson.	Idem.	»	»	»	»	»	»	65 00						
		Total au 31 janvier.		213 60	»	»	»	»	»	72 20						
14	4	Constatation du 24 février.	4 mars ...	»	1,104 00	»	»	»	»	»						
18	5	Prestations de la commune de Sauviac. ...	Idem.	»	»	»	»	»	620 00	»						
20	6	Salaire de février.	Idem.	268 20	»	»	»	»	»	»						
34	7	État de tâches.	Idem.	»	»	»	»	»	»	90 00						
		Total au 28 février.		481 20	1,104 00	»	»	1,627 75	620 00	162 20						

Travaux neufs. Entreprise du Sr Rabais de Crédit de Travaux terminés, rabais non déduit.	Travaux non terminés, rabais non déduit.	Total. — Rabais déduit. Nature.	Total. — Rabais déduit. Argent.	Travaux en régie. — Crédit de Nature.	Travaux en régie. Argent.	Entreprise du Sr Rabais de Crédit de Travaux terminés, rabais non déduit.	Travaux non terminés, rabais non déduit.	Total. — Rabais déduit. Nature.	Total. — Rabais déduit. Argent.	Travaux en régie. — Crédit de Nature.	Travaux en régie. Argent.	Indemnités de terrains. — Crédit de	Dommages. — Crédit de	Dépenses diverses. — Crédit de	Observations.
18	19	20	21	22	23	24	25	26	27	28	29	30	31	32	33
fr. c.	fr. c.	fr. c.	fr. c.	fr. c.	fr. c.	fr. c.	fr. c.	fr. c.	fr. c.	fr. c.	fr. c.	fr. c.	fr. c.	fr. c.	
	»			»	»		»			»	»	»	»	»	

CHEMIN DE GRANDE COMMUNICATION N° 24.

(1) Subventionné ou non subventionné.

RÉSEAU (1) SUBVENTIONNÉ.

Numéros du carnet.	Numéros d'ordre.	Indication des dépenses et des pièces afférentes.	Date de l'envoi des pièces.	Entretien. Cantonniers. Crédit de 1,800f.	Entretien. Entreprise de Mr Lacaze. Rabais de 4 p. 0/0. Crédit de 1,800 francs. Travaux terminés, rabais non déduit.	Travaux non terminés, rabais non déduit.	Total. Rabais déduit. Nature.	Total. Rabais déduit. Argent.	Travaux en régie. Crédit de 500 francs. Nature.	Argent.	Grosses réparations. Entreprise de Mr. Rabais de Crédit de Travaux terminés, rabais non déduit.	Travaux non terminés, rabais non déduit.	Total. Rabais déduit. Nature.	Argent.	Travaux en régie. Crédit de Nature.	Argent.
1	2	3	4	5	6	7	8	9	10	11	12	13	14	15	16	17
				fr. c.	fr. c.	fr. c.	fr. c.	fr. c.	fr. c.	fr. c.	fr. c.	fr. c.	fr. c.	fr. c.	fr. c.	fr. c.
		Report des années antérieures.	....	»	»	»	»	»	»	»	»	»	»	»	»	»
1	1	Constatation du 24 janv.	4 février.	»	»	(s) 330 00	»	»	»	»	»	»	»	»	»	»
4	2	Juneau (Jean-Baptiste).	Idem....	»	»	»	»	»	»	»	»	»	»	»	»	»
		Tuleau (jeune).......	4 février.	»	»	»	»	»	»	»	»	»	»	»	»	»
		Germain (Arthur......	Idem....	»	»	»	»	»	»	»	»	»	»	»	»	»
5	3	Constatation du 31 janv.	Idem....	»	»	»	»	»	»	»	»	»	»	»	»	»
6	4	Idem...............	Idem....	»	»	»	»	»	»	»	»	»	»	»	»	»
9	5	Salaires de janvier.....	4 février.	151 00	»	»	»	»	»	»	»	»	»	»	»	»
		Total au 31 janvier.	....	131 00	»	(s) 330 00	»	316 80	»	»	»	»	»	»	»	»
11	6	Mémoire Delorme......	4 mars..	»	»	»	»	»	»	»	»	»	»	»	»	»
15	7	Constatation du 25 févr.	Idem....	»	»	602 60	»	»	»	»	»	»	»	»	»	»
16	8	Idem...............	Idem....	»	»	»	»	»	»	»	»	»	»	»	»	»
17	9	Idem...............	Idem....	»	»	»	»	»	»	»	»	»	»	»	»	»
19	10	Prestations de la commune de Sauvine........	Idem....	»	»	»	»	»	»	»	»	»	»	»	»	»
21	11	Procès-verbal de remise de prestations.......	Idem....	»	»	»	»	»	»	»	»	»	»	»	»	»
22	12	Constatation du 27 févr.	Idem....	»	»	»	»	»	»	»	»	»	»	»	»	»
23	13	Jullenier (Joseph)....	Idem....	»	»	»	»	»	»	»	»	»	»	»	»	»
25	14	Salaires de février.....	Idem....	150 26	»	»	»	»	»	»	»	»	»	»	»	»
26	15	Feuille d'attachements Musquin.........	Idem....	»	»	»	»	»	»	125 60	»	»	»	»	»	»
27	16	Mémoire Perpin......	Idem....	»	»	»	»	»	»	»	»	»	»	»	»	»
		Total au 28 février.	....	301 26	»	902 00	»	877 92	»	125 60	»	»	»	»	»	»
		À déduire : Prestations exécutées en régie remises en compte aux entrepreneurs......	....	»	»	»	»	»	»	»	»	»	»	»	»	»

Indication des dépenses et des pièces afférentes.	Travaux neufs. Entreprise de Mr Jacques. Rabais de 10 p. 0/0. Crédit de 3,000 francs. Travaux terminés, rabais non déduit.	Travaux non terminés, rabais non déduit.	Total. Rabais déduit. Nature.	Total. Rabais déduit. Argent.	Travaux en régie. Crédit de 500 francs. Nature.	Argent.	Entreprise de Mr Rabais de Crédit de Travaux terminés, rabais non déduit.	Travaux non terminés, rabais non déduit.	Total. Rabais déduit. Nature.	Argent.	Travaux en régie. Crédit de Nature.	Argent.	Indemnités de terrains. Crédit de 300 francs.	Dommages. Crédit de 50 francs.	Dépenses diverses. Crédit de 25 francs.	Observations.
3	18	19	20	21	22	23	24	25	26	27	28	29	30	31	32	33
	fr. c.	fr. c.	fr. c.	fr. c.	fr. c.	fr. c.	fr. c.	fr. c.	fr. c.	fr. c.	fr. c.	fr. c.	fr. c.	fr. c.	fr. c.	
Report des années antérieures.	1,330 00	»	900 00	225 00	»	»	»	»	»	»	»	»	»	»	»	
Constatation du 24 janv.	»	»	»	»	»	»	»	»	»	»	»	»	»	»	»	
Juneau (Jean-Baptiste).	»	»	»	»	»	»	»	»	»	»	»	»	0 00	»	»	L'estimation n'a pas été acceptée.
Tuleau (jeune).......	»	»	»	»	»	»	»	»	»	»	»	»	124 00	»	»	Occupation du 31 janvier.
Germain (Arthur......	»	»	»	»	»	»	»	»	»	»	»	»	50 00	»	»	Idem.
Constatation du 31 janv.	»	(s) 455 00	»	»	»	»	»	»	»	»	»	»	»	»	»	
Idem...............	939 54	»	»	»	»	»	»	»	»	»	»	»	»	»	»	
Salaires de janvier.....	»	»	»	»	»	»	»	»	»	»	»	»	»	»	»	
Total au 31 janvier.	922 44	(s) 450 00	»	1,208 00	»	»	»	»	»	»	»	»	174 00	»	»	
Mémoire Delorme......	»	»	»	»	»	»	»	»	»	»	»	»	»	»	11 50	
Constatation du 25 févr.	»	»	»	»	»	»	»	»	»	»	»	»	»	»	»	
Idem...............	900 00	»	»	»	»	»	»	»	»	»	»	»	»	»	»	
Idem...............	»	(s) 75 00	»	»	»	»	»	»	»	»	»	»	»	»	»	
Prestations de la commune de Sauvine........	»	»	»	»	184 30	»	»	»	»	»	»	»	»	»	»	
Procès-verbal de remise de prestations.......	»	»	»	»	»	»	»	»	»	»	»	»	»	»	»	
Constatation du 27 févr.	»	(s) 907 13	240 96	»	»	»	»	»	»	»	»	»	»	»	»	
Jullenier (Joseph)....	»	401 50	»	»	»	»	»	»	»	»	»	»	»	22 50	»	
Salaires de février.....	»	»	»	»	»	»	»	»	»	»	»	»	»	»	»	
Feuille d'attachements Musquin.........	»	»	»	»	»	»	»	»	»	»	»	»	»	»	»	
Mémoire Perpin......	»	»	»	»	»	31 60	»	»	»	»	»	»	»	»	»	
Total au 28 février.	1,889 84	401 50	240 96	1,810 58	184 00	31 60	»	»	»	»	»	»	174 00	22 50	11 50	
À déduire : Prestations exécutées en régie remises en compte aux entrepreneurs......	»	»	»	»	184 00	»	»	»	»	»	»	»	»	»	»	
					»											

Note. Les nombres marqués (s) doivent être biffés à l'encre rouge. Les travaux effectués en nature doivent être ressortis immédiatement dans les colonnes 8, 14, 20 et 26.

IIe PARTIE.

CHEMINS VICINAUX D'INTÉRÊT COMMUN.

(Voir modèles nos 26 A et 26 B.)

Modèle n° 26 C.

IIIe PARTIE.

CHEMINS VICINAUX ORDINAIRES.

RÉPERTOIRE.

DÉSIGNATION des COMMUNES. 1	NUMÉROS DES PAGES des comptes ouverts au livre de comptabilité. 2	DÉSIGNATION des COMMUNES. 1	NUMÉROS DES PAGES des comptes ouverts au livre de comptabilité. 2	DÉSIGNATION des COMMUNES. 1	NUMÉROS DES PAGES des comptes ouverts au livre de comptabilité. 2
Réseau (1)					

(1) Subventionné ou non subventionné.

(1) Subventionné ou non subventionné.

DÉPENSE.

RÉSEAU (1) SUBVENTIONNÉ.

Numéros du carnet.	Numéros d'ordre.	Indication des dépenses et des pièces afférentes.	Date de l'envoi des pièces.	Entretien. Cantonniers. — Crédit de	Entretien. Entreprise du Sr Renaud. Rabais de 2 p. 0/0. Crédit de 1.300f 00c. Travaux terminés, rabais non déduit.	Travaux non terminés, rabais non déduit.	Total. — Rabais déduit. Nature.	Total. — Rabais déduit. Argent.	Travaux en régie. — Crédit de 600f 00c. Nature.	Travaux en régie. Argent.	Grosses réparations. [illegible] n° Entreprise du Sr Rabais de Crédit de Travaux terminés, rabais non déduit.	Travaux non terminés, rabais non déduit.	Total. — Rabais déduit. Nature.	Total. — Rabais déduit. Argent.	Travaux en régie. — Crédit de Nature.	Travaux en régie. Argent.
1	2	3	4	5	6	7	8	9	10	11	12	13	14	15	16	17
				fr. c.	fr. c.	fr. c.	fr. c.	fr. c.	fr. c.	fr. c.	fr. c.	fr. c.	fr. c.	fr. c.	fr. c.	fr. c.
		Report des années antérieures.....	....	.	.	.	.	.	.	.		.			.	.
3	1	Constatation du 29 janvier............	4 février...	.	180 00	.	.	.	.	.						
		Total au 31 janvier.	....	.	180 00	.	.	176 40	.	.						
20	2	Constatation du 27 février............	4 mars....	.	272 00	.	.	.	.	.						
20	3	Prestations...........	Idem.....	.	.	.	.	.	218 00	.						
22	4	Feuille d'attachements Leroy...........	Idem.....	.	.	.	.	.	.	98 00						
		Total au 28 février.	....	.	452 00	.	.	442 96	218 00	98 00						

Indication des dépenses.	Travaux neufs. Chemin n° Entreprise du sieur Rabais de Crédit de Travaux terminés, rabais non déduit.	Travaux non terminés, rabais non déduit.	Total. — Rabais déduit. Nature.	Total. — Rabais déduit. Argent.	Travaux en régie. — Crédit de Nature.	Travaux en régie. Argent.	Chemin n° Entreprise du sieur Rabais de Crédit de Travaux terminés, rabais non déduit.	Travaux non terminés, rabais non déduit.	Total. — Rabais déduit. Nature.	Total. — Rabais déduit. Argent.	Travaux en régie. — Crédit de Nature.	Travaux en régie. Argent.	Indemnités de terrains. — Crédit de	Dommages. — Crédit de 50f 00c	Dépenses diverses. — Crédit de 10f 00c	Totaux.	Observations.
3	18	19	20	21	22	23	24	25	26	27	28	29	30	31	32	33	34
	fr. c.	fr. c.	fr. c.	fr. c.	fr. c.	fr. c.	fr. c.	fr. c.	fr. c.	fr. c.	fr. c.	fr. c.	fr. c.	fr. c.	fr. c.	fr. c.	
Report des années antérieures		.			.	.		.			.	.		.	.		

Modèle n° 26 E.

CRÉDITS.			
DÉSIGNATION.		MONTANT, Nature.	MONTANT, Argent.
Cantonniers		»	»
Entretien.	Entreprise	»	1,500
	Régie	365	238
Grosses réparations.	Chemin n° entre et , Le sieur , entrepreneur. Entreprise	»	»
	Régie	»	»
Travaux neufs.	Chemin n° entre et , Le sieur , entrepreneur. Entreprise	»	»
	Régie	»	»
	Chemin n° , entre et , Le sieur , entrepreneur. Entreprise	»	»
	Régie	»	»
Indemnités de terrains		»	»
Dommages et dépenses diverses		»	50
TOTAUX		365	1,788

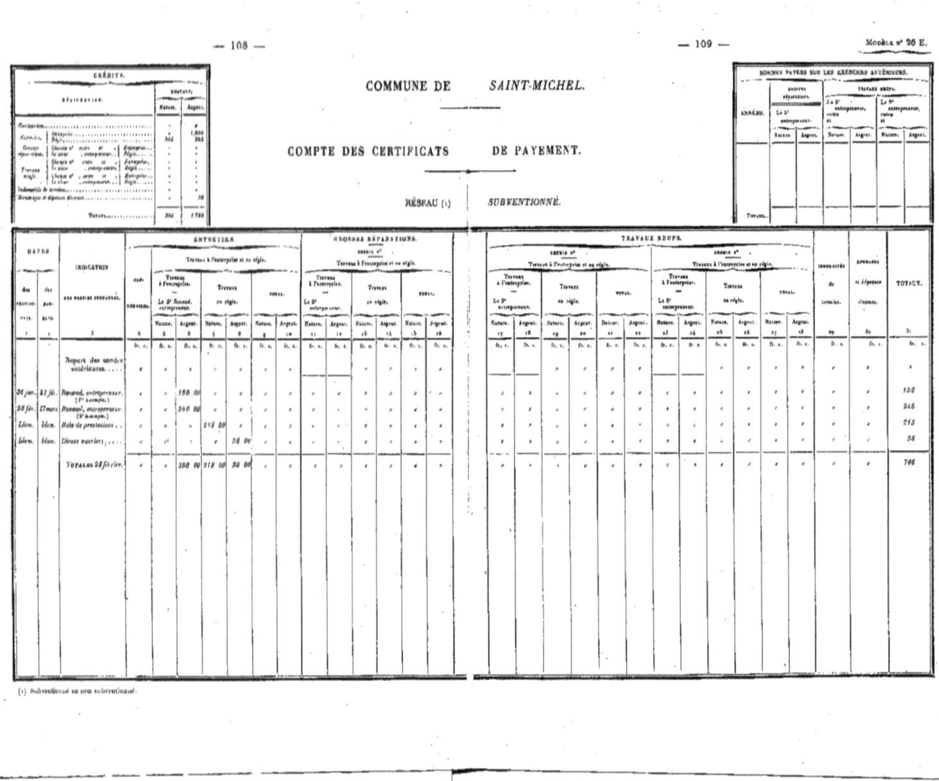

COMMUNE DE SAINT-MICHEL.

COMPTE DES CERTIFICATS DE PAYEMENT.

RÉSEAU (1) *SUBVENTIONNÉ.*

SOMMES PAYÉES SUR LES EXERCICES ANTÉRIEURS.						
ANNÉES.	GROSSES réparations. Le S entrepreneur.		TRAVAUX NEUFS. Le S entrepreneur, entre et		Le S entrepreneur, entre et	
	Nature.	Argent.	Nature.	Argent.	Nature.	Argent.
TOTAUX.						

DATES des certificats.	DATES des payements.	INDICATION DES PARTIES PRENANTES.	CANTONNIERS.	ENTRETIEN. Travaux à l'entreprise et en régie. Travaux à l'entreprise. Le S Renaud, entrepreneur. Nature.	Argent.	Travaux en régie. Nature.	Argent.	TOTAL. Nature.	Argent.	GROSSES RÉPARATIONS. Chemin n°. Travaux à l'entreprise et en régie. Travaux à l'entreprise. Le S entrepreneur. Nature.	Argent.	Travaux en régie. Nature.	Argent.	TOTAL. Nature.	Argent.
1	2	3	4	5	6	7	8	9	10	11	12	13	14	15	16
			fr. c.	fr. c.	fr. c.	fr. c.	fr. c.	fr. c.	fr. c.	fr. c.	fr. c.	fr. c.	fr. c.	fr. c.	fr. c.
		Report des années antérieures	»	»	»	»	»	»	»			»	»	»	»
31 jan.	21 fév.	Renaud, entrepreneur. (1er à-compte.)	»	»	150 00	»	»	»	»	»	»	»	»	»	»
28 fév.	17 mars	Renaud, entrepreneur. (2e à-compte.)	»	»	240 00	»	»	»	»	»	»	»	»	»	»
Idem.	Idem.	Rôle de prestations	»	»	»	218 00	»	»	»	»	»	»	»	»	»
Idem.	Idem.	Divers ouvriers	»	»	»	»	98 00	»	»	»	»	»	»	»	»
		TOTAL au 28 février.	»	»	390 00	218 00	98 00	»	»	»	»	»	»	»	»

INDICATION DES PARTIES PRENANTES.	TRAVAUX NEUFS. Chemin n°. Travaux à l'entreprise et en régie. Travaux à l'entreprise. Le S entrepreneur. Nature.	Argent.	Travaux en régie. Nature.	Argent.	TOTAL. Nature.	Argent.	Chemin n°. Travaux à l'entreprise et en régie. Travaux à l'entreprise. Le S entrepreneur. Nature.	Argent.	Travaux en régie. Nature.	Argent.	TOTAL. Nature.	Argent.	INDEMNITÉS de terrains.	DOMMAGES et dépenses diverses.	TOTAUX.
3	17	18	19	20	21	22	23	24	25	26	27	28	29	30	31
	fr. c.	fr. c.	fr. c.	fr. c.	fr. c.	fr. c.	fr. c.	fr. c.	fr. c.	fr. c.	fr. c.	fr. c.	fr. c.	fr. c.	fr. c.
Report des années antérieures			»	»	»	»			»	»	»	»	»	»	»
Renaud, entrepreneur. (1er à-compte.)	»	»	»	»	»	»	»	»	»	»	»	»	»	»	150
Renaud, entrepreneur. (2e à-compte.)	»	»	»	»	»	»	»	»	»	»	»	»	»	»	240
Rôle de prestations	»	»	»	»	»	»	»	»	»	»	»	»	»	»	218
Divers ouvriers	»	»	»	»	»	»	»	»	»	»	»	»	»	»	98
TOTAL au 28 février.	»	»	»	»	»	»	»	»	»	»	»	»	»	»	706

(1) Subventionné ou non subventionné.

(1) Subventionné ou non subventionné.

DÉPENSE.

RÉSEAU (1) SUBVENTIONNÉ.

Numéros du carnet.	Numéros d'ordre.	Indication des dépenses et des pièces adressées.	Date de l'envoi des pièces.	Cantonniers. — Crédit de 700f 00c.	Entretien. Entreprise du sieur — Rabais de — Crédit de — Travaux terminés, rabais non déduit.	Travaux non terminés, rabais non déduit.	Total. — Rabais déduit. Nature.	Argent.	Travaux en régie. — Crédit de 1,000f. Nature.	Argent.	Grosses réparations. Chemin n° — Entreprise du sieur — Rabais de — Crédit de — Travaux terminés, rabais non déduit.	Travaux non terminés, rabais non déduit.	Total. — Rabais déduit. Nature.	Argent.	Travaux en régie. — Crédit de — Nature.	Argent.
1	2	3	4	5	6	7	8	9	10	11	12	13	14	15	16	17
				fr. c.	fr. c.	fr. c.	fr. c.	fr. c.	fr. c.	fr. c.	fr. c.	fr. c.	fr. c.	fr. c.	fr. c.	fr. c.
		Report des années antérieures......	....	»	»	»	»	»	»	»		»			»	»
7	1	*Salaire de janvier*.....	*4 février*	70 80	»	»	»	»	»	»	»	»	»	»	»	»
		Total au 31 janvier.	....	70 00	»	»	»	»	»	»	»	»	»	»	»	»
12	2	*Chalopin (Paul)*......	*4 mars*..	»	»	»	»	»	»	»	»	»	»	»	»	»
		Lafosse (Victor)......	....	»	»	»	»	»	»	»	»	»	»	»	»	»
13	3	*Constatation du 20 févr.*..	*4 mars*..	»	»	»	»	»	»	»	»	»	»	»	»	»
28	4	*Salaire de février*......	*Idem*...	70 80	»	»	»	»	»	»	»	»	»	»	»	»
31	5	*Rôle de prestations*....	*Idem*...	»	»	»	»	»	»	»	»	»	»	»	»	»
		Total au 28 février..	....	140 80	»	»	»	»	»	»	»	»	»	»	»	»

Indication des dépenses et des pièces adressées.	Travaux neufs. Chemin n° 6. Entreprise du sieur *Lepoux*. Rabais de *4 p. 0/0*. Crédit de *1,070* francs. — Travaux terminés, rabais non déduit.	Travaux non terminés, rabais non déduit.	Total. — Rabais déduit. Nature.	Argent.	Travaux en régie. — Crédit de *900 fr.* Nature.	Argent.	Chemin n° — Entreprise du sieur — Rabais de — Crédit de — Travaux terminés, rabais non déduit.	Travaux non terminés, rabais non déduit.	Total. — Rabais déduit. Nature.	Argent.	Travaux en régie. — Crédit de — Nature.	Argent.	Indemnités de terrains. — Crédit de *800 fr.*	Dommages. — Crédit de *160 fr.*	Dépenses diverses. — Crédit de *50 fr.*	Totaux.	Observations.
3	18	19	20	21	22	23	24	25	26	27	28	29	30	31	32	33	34
	fr. c.	fr. c.	fr. c.	fr. c.	fr. c.	fr. c.	fr. c.	fr. c.	fr. c.	fr. c.	fr. c.	fr. c.	fr. c.	fr. c.	fr. c.	fr. c.	
Report des années antérieures......	500 00	»	200 00	280 00	»	»		»			»	»		»	»		
Salaire de janvier.....	»	»	»	»	»	»	»	»	»	»	»	»	»	»	»		
Total au 31 janvier.	»	»	»	»	»	»	»	»	»	»	»	»	»	»	»		
Chalopin (Paul)......	»	»	»	»	»	»	»	»	»	»	»	»	90 30	»	»		*Occupation du 13 février. Avis donné le 12 février. Approuvé le 20.*
Lafosse (Victor)......	»	»	»	»	»	»	»	»	»	»	»	»	60 12	»	»		*Occupation du 18 février. Avis à passer.*
Constatation du 20 févr...	»	980 00	»	»	»	»	»	»	»	»	»	»		»	»		
Salaire de février......	»	»	»	»	»	»	»	»	»	»	»	»	»	»	»		
Rôle de prestations....	»	»	»	»	358 00	»	»	»	»	»	»	»	»	»	»		
Total au 28 février..	»	980 00	»	940 80	358 00	»	»	»	»	»	»	»	150 42	»	»		

CRÉDITS. DÉSIGNATION.			MONTANT. Nature.	MONTANT. Argent.
Cantonniers			»	700f
Entretien.	Entreprise		»	»
	Régie		»	1,000
Grosses réparations.	Chemin n° entre et Le Sr entrepreneur.	Entreprise	»	»
		Régie	»	»
Travaux neufs.	Chemin n° 6, entre le Gros-Clos et l'Abrenaud Le Sr entrepreneur.	Entreprise	»	1,870
		Régie	370	30
	Chemin n° entre et Le Sr entrepreneur.	Entreprise	»	»
		Régie	»	»
Indemnités de terrains			»	800
Dommages et dépenses diverses			»	210
Totaux			370	4,610

COMMUNE DE SAUVIAC.

COMPTE DES CERTIFICATS DE PAYEMENT.

RÉSEAU (1) SUBVENTIONNÉ.

ANNÉES.	SOMMES PAYÉES SUR LES EXERCICES ANTÉRIEURS. Grosses réparations. Le Sr entrepreneur. Nature.	Grosses réparations. Argent.	Travaux neufs. Le Sr Luquet, entrepreneur. Nature.	Le Sr Luquet, entrepreneur. Argent.	Le Sr entrepreneur. Nature.	Le Sr entrepreneur. Argent.
1869	»	»	200	500f	»	»
Totaux	»	»	200	500	»	»

DATES des certificats. 1	DATES des mandats. 2	INDICATION DES PARTIES PRENANTES. 3	CANTONNIERS. 4	ENTRETIEN. Travaux à l'entreprise. Le Sr entrepreneur. Nature. 5	Travaux à l'entreprise. Argent. 6	Travaux en régie. Nature. 7	Travaux en régie. Argent. 8	Total. Nature. 9	Total. Argent. 10	GROSSES RÉPARATIONS. Chemin n°. Travaux à l'entreprise. Le Sr entrepreneur. Nature. 11	Travaux à l'entreprise. Argent. 12	Travaux en régie. Nature. 13	Travaux en régie. Argent. 14	Total. Nature. 15	Total. Argent. 16
			fr. c.	fr. c.	fr. c.	fr. c.	fr. c.	fr. c.	fr. c.	fr. c.	fr. c.	fr. c.	fr. c.	fr. c.	fr. c.
		Report des années antérieures...	»	»	»	»	»	»	»			»	»	»	»
31 jan.	21 fév.	Cantonniers	70 80	»	»	»	»	»	»	»	»	»	»	»	»
22 fév.	25 fév.	Chalopin (Paul)	»	»	»	»	»	»	»	»	»	»	»	»	»
28 fév.	6 mars.	Luquet (1er à-compte.)	»	»	»	»	»	»	»	»	»	»	»	»	»
Idem.	Idem.	Cantonniers	70 80	»	»	»	»	»	»	»	»	»	»	»	»
Idem.	Idem.	Rôle de prestations	»	»	»	»	»	»	»	»	»	»	»	»	»
		Total au 28 février.	140 80	»	»	»	»	»	»	»	»	»	»	»	»

INDICATION DES PARTIES PRENANTES. 3	TRAVAUX NEUFS. Chemin n° 6. Travaux à l'entreprise. Le Sr Luquet, entrepreneur. Nature. 17	Travaux à l'entreprise. Argent. 18	Travaux en régie. Nature. 19	Travaux en régie. Argent. 20	Total. Nature. 21	Total. Argent. 22	Chemin n°. Travaux à l'entreprise. Le Sr entrepreneur. Nature. 23	Travaux à l'entreprise. Argent. 24	Travaux en régie. Nature. 25	Travaux en régie. Argent. 26	Total. Nature. 27	Total. Argent. 28	INDEMNITÉS de terrains. 29	DOMMAGES et dépenses diverses. 30	TOTAUX. 31
Report des années antérieures...	200 00	500 00	»	»	»	»			»	»	»	»	»	»	»
Cantonniers	»	»	»	»	»	»	»	»	»	»	»	»	»	»	70 80
Chalopin (Paul)	»	»	»	»	»	»	»	»	»	»	»	»	90 30	»	90 30
Luquet (1er à-compte.)	»	450 00	»	»	»	»	»	»	»	»	»	»	»	»	450 00
Cantonniers	»	»	»	»	»	»	»	»	»	»	»	»	»	»	70 80
Rôle de prestations	»	»	358 00	»	»	»	»	»	»	»	»	»	»	»	358 00
Total au 28 février.	»	450 00	358 00	»	»	»	»	»	»	»	»	»	30	»	1,039 10

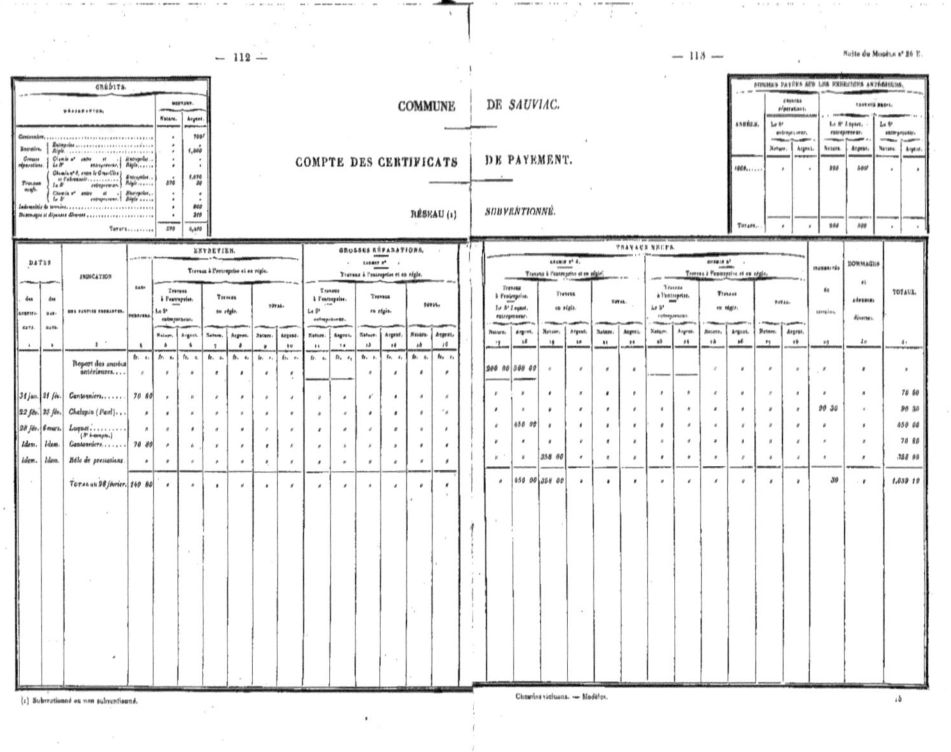

(1) Subventionné ou non subventionné.

DÉCOMPTE POUR ORDRE

DE L'EMPLOI DES PRESTATIONS.

DÉCOMPTE POUR ORDRE DE L'EMPLOI DES PRESTATIONS.

Numéros du carnet.	Désignation des communes.	Numéros des chemins de grande communication et d'intérêt commun.	Répartition du montant du rôle entre les chemins				Montant des cotes acquittées d'après le tarif approuvé par le Conseil général.							Montant des cotes à recouvrer en argent.				Montant des cotes acquittées d'après les prix de l'entreprise.							Plus-value.	Moins-value.	Observations ou indication sommaire des travaux.
			de grande communication.	d'intérêt commun.	vicinaux ordinaires.	Total par catégorie de chemins.	En journées. Grande communication.	En journées. Intérêt commun.	En journées. Chemins vicinaux ordinaires.	En tâches. Grande communication.	En tâches. Intérêt commun.	En tâches. Chemins vicinaux ordinaires.	Total.	Grande communication.	Intérêt commun.	Chemins vicinaux ordinaires.	Total.	En journées. Grande communication.	En journées. Intérêt commun.	En journées. Chemins vicinaux ordinaires.	En tâches. Grande communication.	En tâches. Intérêt commun.	En tâches. Chemins vicinaux ordinaires.	Total.			
1	2	3	4	5	6	7	8	9	10	11	12	13	14	15	16	17	18	19	20	21	22	23	24	25	26	27	28
			fr. c.	fr. c.	fr. c.	fr. c.	fr. c.	fr. c.	fr. c.	fr. c.	fr. c.	fr. c.	fr. c.	fr. c.	fr. c.	fr. c.	fr. c.	fr. c.	fr. c.	fr. c.	fr. c.	fr. c.	fr. c.	fr. c.	fr. c.	fr. c.	
		11.	350 00	»	»	350 00																					
29	Saint-Michel........	V.	»	290 00	»	290 00																					
		Ordinaires.	»	»	355 00	355 00	»	»	»	»	»	218 00	218 00	»	»	137 00	137 00	»	»	»	»	»	»	»	»	»	
	Total........	....	350 00	29 00	355 00	995 00		»	»			218 00				137 00											
18		11.	740 00	»	»	»	»	»	»	320 00	»	»	320 00	220 00	»	»	220 00	»	»	»	»	»	»	»	»	»	
19-21	Saujac..........	24	400 00	»	»	1,140 00	»	»	»	184 50	»	»	184 50	215 50	»	»	215 50	»	»	»	240 96	»	»	240 96	56 46	»	
31		Ordinaires	»	»	570 00	570 00	»	»	»	»	»	358 00	358 00	»	»	212 00	212 00	»	»	»	»	»	»	»	»	»	
	Total........	....	1,140 00	......	570 00	1,710 00	»	»	»	704 50	»	358 00	1,062 50	435 50	»	212 00	647 50	»	»	»	240 96	»	»	240 96	56 46	»	
		11.	500 00	»	»	»																					
	Cély..............	24	320 00	»	»	820 00																					
		Ordinaires.	»	»	820 00	820 00																					
	Total........	....	820 00	»	320 00	1,640 00																					

Nota. Les chemins d'intérêt commun seront indiqués en chiffres romains; les colonnes 19 à 27 ne seront remplies que dans le cas où les prestations remises en compte à l'entrepreneur auront été effectuées pendant l'année.

MINISTÈRE
DE L'INTÉRIEUR.

DÉPARTEMENT
d

ARRONDISSEMENT
d

Le Sr *Decosse*, entrepreneur.

SERVICE VICINAL.

Modèle n° 27.

Art. 191 de l'Instruction générale.

Art. 90 du Règlement.

Format : 0m,21 sur 0m,31.

CHEMIN DE *GRANDE* COMMUNICATION N° *24*.

TRAVAUX { D'ENTRETIEN. / NEUFS OU DE GROSSES RÉPARATIONS. }

MÉTRÉ { *provisoire* / *définitif* } des travaux exécutés dans la partie comprise entre *Cély* et *Perthes*.

Construction d'un aqueduc.

A joindre { *à la situation* / *au décompte* } en date du *31 janvier* 18*70*.

NUMÉROS d'ordre du carnet. 1	INDICATION DES OUVRAGES. 2	NOMBRE des PARTIES. 3	DIMENSIONS. LONGUEUR. 4	LARGEUR. 5	ÉPAISSEUR. 6	SURFACES, CUBES OU POIDS. AUXILIAIRES 7	PARTIELS. 8	DÉFINITIFS. 9	OBSERVATIONS, CROQUIS, ETC. 10
			mètres.	mètres.	mètres.				
	MAÇONNERIE ORDINAIRE.								
6	*Culées et piles :* *Fondations*..........	*4*	*9 26*	*0 58*	*0 40*	*″*	*2 15*	*8 60*	
	Culées et piles : *Élévation*...........	*4*	*8 00*	*0 50*	*0 70*	*″*	*2 80*	*11 20*	
	Murs en retour jusqu'au-dessus des dalles, fondations comprises.....	*4*	*0 50*	*0 50*	*1 35*	*″*	*0 337*	*1 35*	
	Remplissage derrière les dalles :								
	1° Piles....................	*2*	*8 00*	*0 10*	*0 20*	*″*	*0 16*	*0 32*	
	2° Culées..................	*2*	*8 00*	*0 30*	*0 20*	*″*	*0 48*	*0 96*	
	Parapets entre les dalles et le couronnement................	*2*	*6 00*	*0 50*	*1 10*	*″*	*3 30*	*6 60*	

NUMÉROS d'ordre du carnet. 1	INDICATION DES OUVRAGES. 2	NOMBRE des PARTIES. 3	DIMENSIONS.			SURFACES, CUBES OU POIDS.			OBSERVATIONS, CROQUIS, ETC. 10
			LONGUEUR. 4	LARGEUR. 5	ÉPAISSEUR. 6	AUXILIAIRES 7	PARTIELS. 8	DÉFINITIFS. 9	
			mètres.	mètres.	mètres.				

Le présent métré, dont les résultats ont été inscrits sur le carnet, sous le n° *6* dressé par l'agent voyer cantonal soussigné.

A , le 18 .

MINISTÈRE
DE L'INTÉRIEUR.

DÉPARTEMENT
d

ARRONDISSEMENT
d

COMMUNE
de (1) *Saint-Michel.*

ANNÉE 1870.

Mois *de février.*

Somme à payer :
98, 00

SERVICE VICINAL.

MODÈLE N° 28.

Art. 191
de l'Instruction générale.

Art. 90
du Règlement.

Format : 0m,17 sur 0m,25
ou 0m,25 sur 0m,34.

CHEMIN DE *PETITE* COMMUNICATION N° *4.*

RÉSEAU (2) *SUBVENTIONNÉ.*

Entre (*tout le chemin*) et

RÔLE des journées d'ouvriers employés.

NUMÉROS du CARNET.	NUMÉROS des FEUILLES d'attachements.	NOMS et PRÉNOMS.	PROFESSIONS et DOMICILE.	NOMBRE de JOURNÉES de *10* heures.	PRIX de la JOURNÉE.	PRODUIT.	ACQUIT des PARTIES PRENANTES par émargement.	OBSERVATIONS.
1	2	3	4	5	6	7	8	9
		(3)			fr. c.	fr. c.		
32	*1*	*Colot* (*Pierre*) ..	*Terrassier à Saint-Michel*......	*5*	*2 00*	*10 00*		
		Raffi (*Ignace*)...	*Idem*.........	*8 50*	*2 00*	*17 00*		
		Batroz (*Paul*)..	*Maçon au Clos*..	*2*	*4 00*	*8 00*		
		Picard (*Adrien*).	*Voiturier à 2 colliers, à Sauviac.*	*6 30*	*10 00*	*63 00*		
			A reporter....	....	....	*98 00*		

(1) Pour les chemins vicinaux ordinaires.
(2) Subventionné ou non subventionné.
(3) Travaux d'entretien, de grosses réparations ou travaux neufs.

NUMÉROS du CARNET.	NUMÉROS des FEUILLES d'attachements.	NOMS.	PROFESSIONS.	NOMBRE de JOURNÉES de 10 heures.	PRIX de la JOURNÉE.	PRODUIT.	ACQUIT des PARTIES PRENANTES par émargement.	OBSERVATIONS.
1	2	3	4	5	6	7	8	9
						fr. c.		
			Report.......			98 00		
			TOTAUX......		....	98 00		

Vu et APPROUVÉ :

Le (2)

Le présent rôle, s'élevant à la somme de *quatre-vingt-dix-huit francs*, dressé et certifié conforme aux attachements tenus, par l'agent voyer cantonal, qui déclare que les sommes ci-dessus peuvent être payées aux ayants droit.

A , le 18 .

L'agent voyer cantonal,

Vu et VÉRIFIÉ par l'agent voyer d'arrondissement :

(3)
MANDAT DE PAYEMENT.
(Voir modèle n° 21.)

Vu et PRÉSENTÉ par l'agent voyer en chef (1).

A , le 18 .

(1) Ce visa sera supprimé pour les chemins vicinaux ordinaires.
(2) *Le Préfet*, pour les chemins de grande communication et d'intérêt commun; *le Maire*, pour les chemins vicinaux ordinaires.
(3) Pour les chemins vicinaux ordinaires.

MINISTÈRE
DE L'INTÉRIEUR.

DÉPARTEMENT
d

ARRONDISSEMENT
d

CIRCONSCRIPTION
d

COMMUNE
de *Sauviac.*

EXERCICE 187 .

Somme à payer :
450f.

NUMÉRO DU CERTIFICAT :
1.

3e À-COMPTE.

MODÈLE N° 29.

Art. 191
de l'Instruction générale.

Art. 90
du Règlement.

Format : 0m,17 sur 0m,25.

MONTANT
DE L'ADJUDICATION
(rabais déduit).

SERVICE VICINAL.

CERTIFICAT DE PAYEMENT.

CHEMIN VICINAL ORDINAIRE N° *4*.

RÉSEAU (1) *SUBVENTIONNÉ.*

(2) *TRAVAUX NEUFS.*

Entre *LE GROS-CLOS* et *L'ABREUVOIR.*

À-COMPTE DÉLIVRÉS SUR LES FONDS DE TOUTE NATURE des exercices antérieurs et de l'exercice courant.			
Exercice.	Argent.	Nature.	Total.
	fr. c.	fr. c.	fr. c.
1869.	*200 00*	*500 00*	*700 00*
TOTAUX			*700 00*
Montant du présent certificat			*450 00*
L'entrepreneur aura reçu			*1,150 00*
Les dépenses s'élèvent à			*1,420 80*
Partant, il sera en avance, pour garantie de son marché, de			*270 80*

(3) *Adjudication passée, soumission acceptée le 5 mai 1869,* en faveur du sieur *Luquet,* entrepreneur, moyennant un rabais de *4 pour 0/0* sur les prix du détail estimatif, et approuvée le *25 mai 1869* par M. le Préfet.

L'agent voyer cantonal soussigné,

Vu le montant total des ouvrages exécutés et des dépenses faites par le sieur *Luquet,* entrepreneur, en exécution de son marché, s'élevant, suivant la situation en date de ce jour et déduction faite du rabais, à la somme de *1,420f 80c*

Dont à retenir

1/10 sur les travaux pour retenue de garantie	*142f 08c*	*156 29*
1/100 sur le tout, pour fonds de secours aux ouvriers en cas d'accidents	*14 21*	
RESTE à payer		*1,264 51*
L'entrepreneur ayant reçu à-compte, sur cet exercice ou les exercices antérieurs suivant le détail ci-contre . . . . en nature . .	*200 00*	*700 00*
en argent . . .	*500 00*	
Il lui reste dû		*564 51*

Certifie qu'il peut être délivré, par M. le Maire, un mandat de *quatre cent cinquante francs.*

A , le 18 .

(1) Subventionné *ou* non subventionné.

(2) Entretien, grosses réparations *ou* travaux neufs.

(3) On tirera un trait sur les mots *adjudication passée* ou *soumission acceptée,* suivant que l'entreprise aura été adjugée ou soumissionnée.

Vu

16.

Vu :

L'agent voyer d'arrondissement,

Vu et approuvé :

Le Maire,

Pour acquit de la somme ci-dessus:

L'entrepreneur,

MANDAT DE PAYEMENT.
(Voir le modèle n° 21.)

MINISTÈRE
DE L'INTÉRIEUR.

DÉPARTEMENT
d

ARRONDISSEMENT
d

CIRCONSCRIPTION
d

SERVICE VICINAL.

CHEMINS DE *GRANDE* COMMUNICATION.

MODÈLE N° 30.

Art. 191
de l'Instruction générale.

Art. 90
du Règlement.

Format : 0m,21 sur 0m,31.

BORDEREAU des pièces adressées à M. l'agent voyer *de l'arrondissement*
d

NUMÉROS des CHEMINS. 1	NUMÉROS du CARNET. 2	DÉSIGNATION DES PIÈCES ADRESSÉES. 3	ÉMARGEMENT POUR RÉCEPTION et observations DE L'AGENT VOYER D'ARRONDISSEMENT. 4
		RÉSEAU (1) *SUBVENTIONNÉ.*	
N° 11.	*14*	*Situation de l'entreprise Dupré*........	
	18	*Procès-verbal de constatation et extrait du rôle de Sauviac*................	
	24	*Décompte des cantonniers*...........	
	30	*État de tâches*....................	
N° 24.	*11*	*Mémoire Delarue*.................	
	15	*Situation Labat*..................	
	19	*Procès-verbal de constatation et extrait du rôle de Sauviac*................	
	21	*Procès-verbal de remise au sieur Decosse, entrepreneur*..................	
	16-22	*Situation de l'entrepreneur Decosse*......	
	23	*État de dommages*................	
	25	*Décompte des cantonniers*..........	
	26	*Feuille d'attachements Manaquin*.......	
	27	*Mémoire Frapin*..................	

Le présent bordereau dressé par l'agent voyer *cantonal* soussigné.

A , le *4 mars* 1*870*.

INDEMNITÉS DE TERRAINS. (2)

NUMÉROS des chemins.	DÉSIGNATION des communes.	NOMS, PRÉNOMS et domicile des propriétaires.	CONTENANCE des parcelles occupées.	DATE de la prise de possession.	OBSERVATIONS.
N° 24.	*Cély*...........	*Jameau (Jean-Baptiste), à Cély.*	*2a 20*	*31 janvier 1870.*	

(1) Subventionné *ou* non subventionné.
(2) Ce cadre ne sera rempli que pour les indemnités dont le règlement n'aura pas encore été effectué.

MINISTÈRE
DE L'INTÉRIEUR.

DÉPARTEMENT
d

ARRONDISSEMENT
d

CIRCONSCRIPTION
d

EXERCICE 1870.

MODÈLE N° 31.

Art. 192
de l'Instruction générale.

Art. 91
du Règlement.

Format : 0m,275 sur 0m,46.

SERVICE VICINAL.

CHEMINS VICINAUX ORDINAIRES.

ÉTAT SOMMAIRE

DES DÉPENSES ET DES CERTIFICATS DÉLIVRÉS,

A LA FIN DE CHAQUE .

M. AGENT VOYER CANTONAL.

INDICATION DES COMMUNES.	NATURE DES DÉPENSES.	CRÉDITS ALLOUÉS en nature.	CRÉDITS ALLOUÉS en argent.	MONTANT A LA FIN DE … DES DÉPENSES FAITES ET DES CERTIFICATS DÉLIVRÉS DEPUIS LE 1er JANVIER 1870. Dépenses faites.	Certificats délivrés.	Dépenses faites.	Certificats délivrés.	Dépenses faites.	Certificats délivrés.	Dépenses faites.	Certificats délivrés.	Dépenses faites.	Certificats délivrés.	Dépenses faites.	Certificats délivrés.	Dépenses faites.	Certificats délivrés.	Dépenses faites.	Certificats délivrés.	Dépenses faites.	Certificats délivrés.	Dépenses faites.	Certificats délivrés.	Dépenses faites.	Certificats délivrés.	Dépenses faites.	Certificats délivrés.	OBSERVATIONS.
1	2	3	4	5	6	7	8	9	10	11	12	13	14	15	16	17	18	19	20	21	22	23	24	25	26	27	28	29
		fr. c.	fr. c.	fr. c.	fr. c.	fr. c.	fr. c.	fr. c.	fr. c.	fr. c.	fr. c.	fr. c.	fr. c.	fr. c.	fr. c.	fr. c.	fr. c.	fr. c.	fr. c.	fr. c.	fr. c.	fr. c.	fr. c.	fr. c.	fr. c.	fr. c.	fr. c.	
	RÉSEAU (1) SUBVENTIONNÉ.																											
Saint-Michel	*Entretien.* — *Cantonniers*	»	»	»	»	»	»																					
	Entretien. — *Travaux à l'entreprise et en régie.* — *Nature*	355 00	»	»	»	218 00	218 00																					
	Entretien. — *Travaux à l'entreprise et en régie.* — *Argent*	»	1,745 00	176 40	150 00	546 96	568 00																					
	Grosses réparations. — *Nature*	»	»	»	»	»	»																					
	Grosses réparations. — *Argent*	»	»	»	»	»	»																					
	Travaux neufs — *Nature*	»	»	»	»	»	»																					
	Travaux neufs — *Argent*	»	»	»	»	»	»																					
	Indemnités de terrains	»	»	»	»	»	»																					
	Dommages et dépenses diverses	»	50 00	»	»	»	»																					
	TOTAUX *par commune*	355 00	1,795 00	176 40	150 00	756 96	786 00																					
Sauvine	*Entretien.* — *Cantonniers*	»	700 00	70 00	70 00	140 80	140 80																					
	Entretien. — *Travaux à l'entreprise et en régie.* — *Nature*	»	»	»	»	»	»																					
	Entretien. — *Travaux à l'entreprise et en régie.* — *Argent*	»	1,000 00	»	»	»	»																					
	Grosses réparations. — *Nature*	»	»	»	»	»	»																					
	Grosses réparations. — *Argent*	»	»	»	»	»	»																					
	Travaux neufs — *Nature*	576 00	»	»	»	338 00	338 00																					
	Travaux neufs — *Argent*	»	1,700 00	»	»	540 80	450 09																					
	Indemnités de terrains	»	800 00	»	»	150 02	90 30																					
	Dommages et dépenses diverses	»	210 00	»	»	»	»																					
	TOTAUX *par commune*	576 00	4,410 00	70 00	70 00	1,390 02	1,038 10																					

(1) Subventionné ou non subventionné.

MINISTÈRE
DE L'INTÉRIEUR.

DÉPARTEMENT
d

ARRONDISSEMENT
d

SERVICE VICINAL.

MODÈLE N° 32.

Art. 193 et 205 de l'Instruction générale.

Art. 92 et 104 du Règlement.

Format : 0,m21 sur 0m,31.

DÉCOMPTE
DES OUVRAGES EXÉCUTÉS ET DÉPENSES FAITES
AU 31 DÉCEMBRE 18 .

CHEMIN D COMMUN N° , ° PARTIE.

RÉSEAU (1)

(2)

ENTRE ET

Le Sr , entrepreneur.

OUVRAGES EXÉCUTÉS ET DÉPENSES FAITES.
(3)

INDICATION DES OUVRAGES.	QUANTITÉS.	NUMÉROS du BORDEREAU.	PRIX de L'UNITÉ.	DÉPENSES		OBSERVATIONS. — Détail de la composition de certains prix.
				PAR ARTICLE.	PAR NATURE d'ouvrage.	
1	2	3	4	5	6	7
1° TRAVAUX TERMINÉS.						
Report des années antérieures, rabais non déduit........	....	....	....			
A reporter..........	....	....	....			

(1) Subventionné *ou* non subventionné.
(2) Entretien, grosses réparations, travaux neufs.
(3) { *Pendant l'année 18* , pour les travaux d'entretien.
{ *Depuis l'origine des travaux*, pour les autres travaux.

INDICATION DES OUVRAGES.	QUANTITÉS.	NUMÉROS du BORDEREAU.	PRIX de L'UNITÉ.	DÉPENSES PAR ARTICLE.	DÉPENSES PAR NATURE d'ouvrage.	OBSERVATIONS. — Détail de la composition de certains prix.
1	2	3	4	5	6	7
Report..........	....	....	....			
TOTAL.........................						
A déduire le rabais de pour o/o..................						
RESTE pour les *travaux terminés*.................						

INDICATION DES OUVRAGES.	QUANTITÉS.	NUMÉROS des sous-détails.	PRIX de l'unité.	DÉPENSES par article.	DÉPENSES par nature d'ouvrage.	OBSERVATIONS. — Détail de la composition de certains prix.
1	2	3	4	5	6	7
2° TRAVAUX NON TERMINÉS ET APPROVISIONNEMENTS.						
Total..........................						
Rabais de pour o/o..................						
Reste pour les travaux non terminés et les approvisionnements....						
RÉCAPITULATION.						
1° Travaux terminés..................................						
2° Travaux non terminés et approvisionnements..............						
Total..........................						

Le présent décompte, montant à la somme de
dressé par l'agent voyer soussigné.

A , le 18 .

Accepté par l'entrepreneur soussigné. Vérifié et approuvé par l'agent voyer

A , le 18 .

MINISTÈRE
DE L'INTÉRIEUR.

DÉPARTEMENT
d

ARRONDISSEMENT
d

CIRCONSCRIPTION
d

COMMUNE
d

M.
Agent voyer cantonal.

(1) Ordinaires.
D'intérêt commun.
De grande communication.

MODÈLE N° 33.

Art. 194
de l'Instruction générale.

Art. 93
du Règlement.

Format : 0m,35 sur 0m,50.

SERVICE VICINAL.

COMPTE RENDU ANNUEL.

CHEMINS VICINAUX (1)

ÉTAT DES RESSOURCES APPLICABLES A L'EXERCICE 18 .

CHEMINS VICINAUX D

DÉSIGNATION	Excédant à la clôture de l'exercice précédent, des ressources définitives réalisées ou non sur les dépenses faites.	Excédant … sur les dépenses payées.	Excédant … des dépenses faites sur les ressources définitives.	Excédant … des dépenses payées sur les ressources définitives.	Ressources communales — Ordinaires : Revenus et produits divers ordinaires.	Ordinaires : Prestations (Loi du 21 mai 1836, art. 3) acquittées en nature.	Prestations exigibles en argent.	Centimes spéciaux ordinaires. (Loi du 21 mai 1836, art. 2 et 13.)	Extraordinaires : Centimes spéciaux extraordinaires. (Loi du 11 juillet 1868, art. 3)	4e journée de prestation (Loi du 11 juillet 1868, art. 3) acquittées en nature.	4e journée exigibles en argent.	Impositions extraordinaires.	Emprunts à la caisse des chemins vicinaux.	Emprunts à d'autres caisses.	Coupes de bois, aliénation et vente de terrains, produits divers extraordinaires.	TOTAL.	Ressources provenant de particuliers — Subventions industrielles (Loi du 21 mai 1836, art. 14) acquittées en nature.	Subventions industrielles exigibles en argent.	Offres particulières — Nature : Terrains.	Nature : Travaux, journées et matériaux.	Offres particulières : Argent.	TOTAL.	Subvention sur fonds départementaux et de l'État — Fonds départementaux : Centimes spéciaux et facultatifs.	Fonds départementaux : Centimes extraordinaires, emprunts et ressources diverses.	Fonds de l'État : Loi du 11 juillet 1868.	Fonds de l'État : Autres fonds.	TOTAL.	TOTAL des ressources de l'exercice. (Col. 17, 23 et 28.)	À déduire les dégrèvements, cotes irrécouvrables et non-valeurs accumulées sur l'exercice.	Ressources disponibles comparées aux dépenses faites. (Col. 29 + 2 — 4 — 30.)	Ressources disponibles comparées aux dépenses payées. (Col. 29 + 3 — 5 — 30.)	OBSERVATIONS.
1	2	3	4	5	6	7	8	9	10	11	12	13	14	15	16	17	18	19	20	21	22	23	24	25	26	27	28	29	30	31	32	33
TOTAUX........																																

Dressé par l'agent voyer cantonal soussigné.

A , le 18 .

Vu et vérifié par l'agent voyer d'arrondissement, soussigné.

A , le 18 .

Vu et présenté par l'agent voyer en chef, soussigné.

A , le 18 .

MINISTÈRE
DE L'INTÉRIEUR.

DÉPARTEMENT
d

ARRONDISSEMENT
d

CIRCONSCRIPTION
d

COMMUNE
d

M.
AGENT VOYER CANTONAL.

(1) Ordinaires.
D'intérêt commun.
De grande communication.

MODÈLE N° 34.

Art. 194
de l'Instruction générale.

Art. 93
du Règlement.

Format : 0m,35 sur 0m,50.

SERVICE VICINAL.

COMPTE RENDU ANNUEL.

CHEMINS VICINAUX (1)

ÉTAT DES DÉPENSES DE L'EXERCICE 18 .

CHEMINS VICINAUX D

DÉSIGNATION des	DÉPENSES FAITES, PAYÉES OU NON PAYÉES.																	MONTANT des dépenses payées; prestations et souscriptions comprises.	RAPPEL DES RESSOURCES définitives comparées aux dépenses		EXCÉDANT, À LA CLÔTURE DE L'EXERCICE,						OBSERVATIONS.
	ENTRETIEN.				GROSSES RÉPARATIONS.			CONSTRUCTIONS.			TERRAINS			INDEMNITÉS et dépenses diverses.	FRAIS généraux, personnel, remises aux comptables.	REMBOURSEMENT d'emprunt, intérêts.	TOTAL des dépenses faites. — Col. 5, 8, 11 et 14 à 17.				DES RESSOURCES DÉFINITIVES réalisées ou non sur les dépenses				DES DÉPENSES		
	Nature.	Argent.																				payées.					
		Communes.	Autres dépenses.	TOTAL.	Nature.	Argent.	TOTAL.	Nature.	Argent.	TOTAL.	cédés gratuitement.	occupés à titre onéreux.	TOTAL.						faites.	payées.	faites.	en caisse.	à recouvrer.	TOTAL.	faites sur les ressources définitives.	payées sur les ressources définitives.	
1	2	3	4	5	6	7	8	9	10	11	12	13	14	15	16	17	18	19	20	21	22	23	24	25	26	27	28

DÉTAIL DES FRAIS GÉNÉRAUX.

Frais de rôle et de perception, remises...........................		
Concours dans le traitement des agents voyers....................		
Indemnités diverses accordées au personnel.......................		
Acquisition et entretien du matériel..............................		
Frais de bureau et d'impressions..................................		
—— de timbre des mandats..		
Secours...		
....		
....		
....		
TOTAL des frais généraux portés à la colonne 16...		

DRESSÉ par l'agent voyer cantonal, soussigné.

A , le 18 .

VU et VÉRIFIÉ par l'agent voyer d'arrondissement, soussigné.

A , le 18 .

PRÉSENTÉ par l'agent voyer en chef, soussigné.

A , le 18 .

MINISTÈRE
DE L'INTÉRIEUR.

DÉPARTEMENT
d

ARRONDISSEMENT
d

CIRCONSCRIPTION
d

COMMUNE
d

M.
Agent voyer cantonal.

(1) Ordinaires, non compris dans le réseau subventionné.
D'intérêt commun.
De grande communication.

MODÈLE N° 35.

Art. 194
de l'Instruction générale.

Art. 93
du Règlement.

Format : $0^m,35$ sur $0^m,50$.

SERVICE VICINAL.

COMPTE RENDU ANNUEL.

CHEMINS VICINAUX (1)

ÉTAT D'AVANCEMENT AU 31 DÉCEMBRE 18 .

CHEMINS VICINAUX

DÉSIGNATION des	SITUATION AU 31 DÉCEMBRE 18 .						MODIFICATIONS APPORTÉES AU RÉSEAU EN 18 . PAR L'EFFET DE CLASSEMENTS, DÉCLASSEMENTS, CLASSIFICATIONS NOUVELLES, ETC.							
	LONGUEURS					TOTALES à construire et entretenir. (Col. 4 + 5 + 6.)	Augmentations. Longueurs des parties qui, avant leur adjonction au réseau, étaient				Diminutions. Longueurs des parties qui, avant leur disparition du réseau, étaient			
	à l'état d'entretien.	à l'état de viabilité.	TOTALES à entretenir.	en construction.	en lacune.		à l'état d'entretien.	à l'état de viabilité.	en construction.	en lacune.	à l'état d'entretien.	à l'état de viabilité.	en construction.	en lacune.
1	2	3	4	5	6	7	8	9	10	11	12	13	14	15

TRAVAUX EFFECTUÉS EN 18 .								SITUATION AU 31 DÉCEMBRE 18 .						OBSERVATIONS.
LONGUEURS								LONGUEURS						
amenées à l'état d'entretien				amenées à l'état de viabilité			des constructions en cours d'exécution.	à l'état d'entretien. (Col. 2 + 8 + 19 — col. 12.)	à l'état de viabilité. (Col. 3 + 9 + 22 — col. 13 — 16.)	TOTALES à entretenir. (Col. 24 + 25.)	en construction. (Col. 5 + 10 + 23 — col. 14 — 17 — 20.)	en lacune. (Col. 6 + 11 — 15 — 18 — 21 — 22.)	TOTALES à construire et entretenir. (Col. 26 + 27 + 28.)	
des parties à l'état de viabilité.	des parties en construction.	des parties en lacune.	TOTAL.	des parties en construction.	des parties en lacune.	TOTAL.								
16	17	18	19	20	21	22	23	24	25	26	27	28	29	30

DRESSÉ par l'agent voyer cantonal, soussigné.

A , le 18 .

VU et VÉRIFIÉ par l'agent voyer d'arrondissement, soussigné.

A , le 18 .

VU et PRÉSENTÉ par l'agent voyer en chef, soussigné.

A , le 18 .

MINISTÈRE
DE L'INTÉRIEUR.

DÉPARTEMENT
d

ARRONDISSEMENT
d

CIRCONSCRIPTION
d

COMMUNE
d

M.
Agent voyer cantonal.

MODÈLE N° 35 *bis*.

Art. 194
de l'Instruction générale.

Art 93
du Règlement.

Format : $0^m,35^{mm}$ sur $0^m,50^{mm}$.

SERVICE VICINAL.

COMPTE RENDU ANNUEL.

CHEMINS VICINAUX ORDINAIRES.

RÉSEAU SUBVENTIONNÉ.

ÉTAT D'AVANCEMENT AU 31 DÉCEMBRE 18 .

CHEMINS VICINAUX ORDINAIRES. — RÉSEAU SUBVENTIONNÉ.

DÉSIGNATION des	LONGUEUR AU 31 DÉCEMBRE 18 — du réseau subventionné proprement dit : à l'état d'entretien.	à l'état de viabilité.	en construction.	en lacune.	TOTAL.	À l'état d'entretien au 31 décembre 1868, des chemins non compris dans le réseau subventionné proprement dit, mais qui, néanmoins, pourront participer aux ressources créées pour ce dernier réseau.	TOTAL à construire. (Colonnes 4 et 5.)	TOTAL à entretenir. (Colonnes 2 + 3 + 7.)	CHANGEMENTS SURVENUS EN 18 DANS LE RÉSEAU, par l'effet de classements, de déclassements, de rectifications nouvelles, etc. — Réseau subventionné proprement dit. — AUGMENTATIONS. Longueur des parties qui, avant leur adjonction au réseau, étaient : à l'état d'entretien.	à l'état de viabilité.	en construction.	à l'état de lacune.	DIMINUTIONS. Longueur des parties qui, avant leur disparition du réseau, étaient : à l'état d'entretien.	à l'état de viabilité.	en construction.	à l'état de lacune.	Longueurs des chemins passés en lacune y et qui ont été classés parmi les voies d'un autre ordre ou déclassés.	TRAVAUX EFFECTUÉS EN 18 . — LONGUEURS amenées à l'état d'entretien : des parties à l'état de viabilité.	des parties en construction.	des parties en lacune.	TOTAL.	amenées à l'état de viabilité : des parties en construction.	des parties en lacune.	TOTAL.	Longueurs des constructions en cours d'exécution.	SITUATION AU 31 DÉCEMBRE 18 . — LONGUEUR du réseau subventionné proprement dit : à l'état d'entretien. (Colonne 2 + 10 + 22 − 14.)	à l'état de viabilité. (3 + 11 + 25 − colonne 15 − colonne 19.)	en construction. (Colonne 4 + 12 + 26 − colonne 16.)	en lacune. (Colonne 5 + 13 − colonne 17 − colonne 21 − colonne 24.)	Total. (Colonnes 27 + 28 + 29 + 30.)	Longueurs à entretenir en dehors du réseau subventionné proprement dit. (Colonne 7 − colonne 18.)	TOTAL à construire. (Colonnes 29 + 30.)	TOTAL à entretenir. (Colonnes 27 + 28 + 32.)	OBSERVATIONS.
1	2	3	4	5	6	7	8	9	10	11	12	13	14	15	16	17	18	19	20	21	22	23	24	25	26	27	28	29	30	31	32	33	34	35

DRESSÉ par l'agent voyer cantonal, soussigné.

A , le 18 .

VU et VÉRIFIÉ par l'agent voyer d'arrondissement, soussigné.

A , le 18 .

VU et PRÉSENTÉ par l'agent voyer en chef, soussigné.

A , le 18 .

MINISTÈRE
DE L'INTÉRIEUR.

DÉPARTEMENT
d

ARRONDISSEMENT
d

CIRCONSCRIPTION
d

COMMUNE
d

M.
Agent voyer cantonal.

Modèle n° 36.

Art. 194
de l'Instruction générale.

Art. 93
du Règlement.

Format : $0^m,33^{mm}$ sur $0^m,50^{mm}$

SERVICE VICINAL.

COMPTE RENDU ANNUEL.

CHEMINS VICINAUX (1)

RENSEIGNEMENTS STATISTIQUES
ET SITUATION FINANCIÈRE.

(1) Ordinaires.
D'intérêt commun.
De grande communication.

RENSEIGNEMENTS STATISTIQUES ET SITUATION FINANCIÈRE.

NUMÉROS ET DÉSIGNATION des	1° Renseignements statistiques. Cantonniers. Nombre.	Cantonniers. Dépense pour salaire pendant l'année.	Prix de revient par mètre courant. Pour entretien pendant l'année.	Prix de revient par mètre courant. Pour constructions terminées depuis le 31 décembre 1867. Travaux.	Pour constructions terminées depuis le 31 décembre 1867. Indemnités de terrains et dommages.	Pour constructions terminées depuis le 31 décembre 1867. Total pour constructions.	Ouvrages d'art. Nombre d'aqueducs et ponceaux au-dessous de 5 mètres, construits au 31 décembre 1867.	Nombre d'aqueducs et ponceaux au-dessous de 5 mètres, construits du 31 décembre 1867 au 31 décembre 18 .	Nombre d'aqueducs et ponceaux au-dessous de 5 mètres, construits en 18 .	Nombre d'aqueducs et ponceaux au-dessous de 5 mètres, construits. Total.	Nombre de ponts de 5 mèt. à 15 mèt. d'ouverture, construits au 31 décembre 1867.	Nombre de ponts de 5 mèt. à 15 mèt. d'ouverture, construits du 31 décembre 1867 au 31 décembre 18 .	Nombre de ponts de 5 mèt. à 15 mèt. d'ouverture, construits en 18 .	Nombre de ponts de 5 mèt. à 15 mèt. d'ouverture, construits. Total.	Nombre de ponts au-dessus de 15 mètres, construits au 31 décembre 1867.	Nombre de ponts au-dessus de 15 mètres, construits du 31 décembre 1867 au 31 décembre 18 .	Nombre de ponts au-dessus de 15 mètres, construits en 18 .	Nombre de ponts au-dessus de 15 mètres, construits. Total.	2° Situation financière du réseau subventionné. Dépenses pour rectification. De 31 décembre 1868 au 31 décembre 18 .	Dépenses pour rectification. Effectuées en 18 .	Dépenses pour rectification. A faire jusqu'au 31 décembre 1878, tant sur les parties construites que sur celles à construire.	Dépenses pour constructions antérieures au 31 décembre 18 .	Dépenses pour constructions effectuées en 18	Dépenses pour constructions à faire pour arriver à l'état d'entretien.	Total des dépenses faites et à faire pour construction et rectification du réseau jusqu'au 31 décembre 1878. (Col. 20 à 25.)	Dépenses prévues. (Circulaire du 6 avril 1869.)	Différences en plus ou déficit. (Col. 26 − 27.)	Différences en moins ou réduction. (Colonne 27 − colonne 26).	OBSERVATIONS.
1	2	3	4	5	6	7	8	9	10	11	12	13	14	15	16	17	18	19	20	21	22	23	24	25	26	27	28	29	30
RÉSEAU SUBVENTIONNÉ.																													

DRESSÉ par l'agent voyer cantonal, soussigné.

A , le 18 .

VU et VÉRIFIÉ par l'agent voyer d'arrondissement, soussigné.

A , le 18 .

VU et PRÉSENTÉ par l'agent voyer en chef, soussigné.

A , le 18 .

CHAPITRE II.

COMPTABILITÉ DU RÉGISSEUR COMPTABLE.

MINISTÈRE
DE L'INTÉRIEUR.

DÉPARTEMENT
d

ARRONDISSEMENT
d

CIRCONSCRIPTION
d

COMMUNE (2)
d

MODÈLE N° 37.

Art. 196.
de l'Instruction générale.

Art. 95 du Règlement.

Format : 0,17 sur 0,25.

SERVICE VICINAL.

DÉPENSES
PAR VOIE DE RÉGIE ADMINISTRATIVE.

CHEMIN DE COMMUNICATION N°

RÉSEAU (1)

(3)

(4) *Travaux exécutés pour*

Le soussigné, régissseur comptable, demande la délivrance d'une avance de
et s'engage à fournir la justification de cette somme dans un délai de trente jours, à partir du jour de l'acquit du mandat.

A , le 18 .

Vu
par l'agent voyer

L'agent voyer certifie qu'il peut être payé la somme de

A , le 18 .

Vu et APPROUVÉ :

Le (5)

(1) Subventionné *ou* non subventionné.
(2) Pour les chemins vicinaux ordinaires.
(3) Travaux d'entretien. — Grosses réparations. — Travaux neufs.
(4) Indiquer la nature et l'emplacement des travaux, et, s'il y a lieu, le nom de l'entrepreneur au nom duquel ils s'exécutent.
(5) Le préfet, pour les chemins de grande communication et d'intérêt commun. Le maire, pour les chemins vicinaux ordinaires.
(6) Pour les chemins vicinaux ordinaires.

(6)
MANDAT DE PAYEMENT.
(Voir le modèle n° 21.)

MINISTÈRE
DE L'INTÉRIEUR.

DÉPARTEMENT
d

ARRONDISSEMENT
d

CIRCONSCRIPTION
d

MODÈLE N° 38.

Art. 197
de l'Instruction générale.

Art. 96 du Règlement.

Format 0.155/21.

SERVICE VICINAL.

LIVRET DE CAISSE

DES RÉGISSEURS COMPTABLES.

Remis à M. , agent voyer de l'arrondissement d

Le 18 .

L'agent voyer en chef,

Le présent livret contenant feuillets parafés, par premier et dernier, a été remis à M.

Le 18 .

L'agent voyer d'arrondissement,

INSTRUCTION.

EXTRAIT DU RÈGLEMENT.

« ART. 96. Les recettes et les payements effectués par le régisseur comptable sont enregistrés sur un livret de caisse.

« Ce livret contient, sur la page de gauche : 1° l'indication des numéros et des dates « des mandats délivrés au nom du régisseur comptable; 2° l'inscription, de la main de « l'agent du payement, de la date, de la destination des avances et du montant en toutes « lettres des sommes payées; 3° l'indication, en chiffres, des sommes payées.

« La page de droite indique, par ordre chronologique, 1° les dates des payements « successivement effectués par le régisseur; 2° la nature des dépenses; 3° le montant des « sommes payées; 4° celui des pièces justificatives produites.

« L'agent voyer d'arrondissement constate sur le livret de caisse, les résultats des véri- « fications qu'il doit faire des écritures, des pièces de dépense et de la caisse du régisseur. »

MANDATS.					PAYEMENTS.				
NUMÉROS D'ORDRE. 1	DATES et NUMÉROS DES MANDATS. 2	INSCRIPTION, PAR L'AGENT DU PAYEMENT, DE LA DATE, DE LA DESTINATION DE L'AVANCE et du montant, en toutes lettres, des sommes payées. 3	MONTANT 4		DATES. 1	NATURE DES DÉPENSES. 2	SOMMES PAYÉES. 3	MONTANT des PAYEMENTS justifiés. 4	OBSERVATIONS. 5

MINISTÈRE
DE L'INTÉRIEUR.

SERVICE VICINAL.

MODÈLE N° 39.

Art. 198
de l'Instruction générale.

Art. 97 du Règlement.

Format : 0,21 sur 0,31.

DÉPENSES PAR VOIE DE RÉGIE ADMINISTRATIVE.

DÉPARTEMENT
d

ARRONDISSEMENT
d

CIRCONSCRIPTION
d

COMMUNE (2)
d

M.
régisseur comptable.

EMPLOI
De la avance
montant à la somme de
francs.

CHEMIN DE COMMUNICATION N°

RÉSEAU (1)

(3)

(4) TRAVAUX EXÉCUTÉS POUR

BORDEREAU des quittances et pièces remises au par le soussigné, pour justifier l'emploi de l'avance de qui lui a été faite le , en vertu du mandat délivré le , sous le n°

NUMÉROS des PIÈCES.	DÉSIGNATION DES PIÈCES.	NATURE DES DÉPENSES.	MONTANT des PIÈCES.	NOMS des PARTIES PRENANTES.	OBSERVATIONS.
1	2	3	4	5	6
		A reporter.			

(1) Réseau subventionné *ou* non subventionné.
(2) Pour les chemins vicinaux ordinaires.
(3) Entretien, grosses réparations, travaux neufs.
(4) Indiquer la nature et l'emplacement des travaux, et, s'il y a lieu, le nom de l'entrepreneur au compte duquel ils s'exécutent.

NUMÉROS des PIÈCES.	DÉSIGNATION DES PIÈCES.	NATURE DES DÉPENSES.	MONTANT des PIÈCES.	NOMS des PARTIES PRENANTES.	OBSERVATIONS.
1	2	3	4	5	6
		Report..........			
		A reporter........			

NUMÉROS des PIÈCES.	DÉSIGNATION DES PIÈCES.	NATURE DES DÉPENSES.	MONTANT des PIÈCES.	NOMS des PARTIES PRENANTES.	OBSERVATIONS.
1	2	3	4	5	6
		Report..........			
		Total du présent bordereau......		DÉPENSES TOTALES.	
A quoi il convient d'ajouter l'excédant de dépense qui a eu lieu sur les avances antérieures. (Voir le bordereau du .)..				Montant du présent bordereau...	
		Total.......................		Report des bordereaux précédents.	
Dont à déduire pour être payé sur les avances ultérieures............					
		Total pareil au montant de la avance....		Total général.....	

Le présent bordereau, comprenant pièces à l'appui, arrêté à la somme de

A , le 187 .

Le Régisseur comptable,

Vérifié
Par l'agent voyer d'arrondissement.
A , le 187 .

Approuvé
Par l'agent voyer en chef soussigné.
A , le 187 .

Le soussigné reconnaît avoir reçu les quittances et toutes les pièces énoncées dans le présent bordereau.
A , le 187 .

Vu :
Le (1)

(1) Le Préfet, pour les chemins vicinaux de grande communication et d'intérêt commun ; le Maire, pour les chemins vicinaux ordinaires.

CHAPITRE III.

COMPTABILITÉ

DE L'AGENT VOYER D'ARRONDISSEMENT.

MINISTÈRE
DE L'INTÉRIEUR.

DÉPARTEMENT
d

ARRONDISSEMENT
d

Numéro d'ordre du journal des certificats de l'agent voyer en chef :

MODÈLE N° 40.

Art. 201
de l'Instruction générale.

Art. 100 du Règlement.

Format : $0^m,21$ sur $0^m,31$.

SERVICE VICINAL.

CHEMINS DE *GRANDE* COMMUNICATION.

DÉCOMPTE

DES SOMMES DUES AUX CANTONNIERS

EMPLOYÉS DANS L'ARRONDISSEMENT D

PENDANT LE MOIS *DE FÉVRIER 1870.*

DÉSIGNATION des chemins et noms des cantonniers.	LIEUX et communes des domiciles. (2)	CLASSES.	SALAIRE du mois.	INDEMNITÉS ou gratifications.	TOTAL.	RETENUES ou amendes à déduire.	RESTE dû en totalité à chaque cantonnier.	TOTAL par chemin.	DÉCOMPTE par cantonnier: Montant des sommes à verser aux caisses de retraite et de secours.	DÉCOMPTE par cantonnier: Sommes nettes à payer à chaque cantonnier.	IMPUTATION: Sous-chapitres.	IMPUTATION: Articles.	NUMÉROS des mandats.
1	2	3	4	5	6	7	8	9	10	11	12	13	14
			fr. c.	fr. c.	fr. c.	fr. c.	fr. c.	fr. c.	fr. c.	fr. c.			
RÉSEAU (1) *SUBVENTIONNÉ.*													
CHEMIN Nº 11.													
Bataille	*Saint-Michel*..	1re.	55 00	3 00	58 00	4 00	54 00		3 50	50 50	V.	1	280
Minard.........	*Idem*........	2e.	50 00	"	50 00	"	50 00		3 50	46 50			281
Siraudin (Jacques).	*Sauviac*.....	2e.	50 00	2 00	52 00	"	52 00		3 50	48 50			282
Siraudin (Joseph).	*Idem*........	3e.	45 00	7 20	52 20	"	52 20		3 50	48 70			283
								208 20					
CHEMIN Nº 24.													
Galinat	*Saint-Michel* ..	Chef.	70 00	3 00	73 00	"	73 00		6 00	67 00	V.	6	284
Botcard........	*Sauviac*......	2e.	50 00	2 00	52 00	1 50	50 50		3 50	47 00			285
Chabaud	*Saint-Martial*.	3e.	45 00	"	45 00	18 30	26 70		3 50	23 20			286
								150 20					
A reporter...............							......	358 40	27 00	331 40			

(1) Subventionné ou non subventionné.
(2) Lorsque le domicile sera au chef-lieu même de la commune, on se bornera à inscrire le nom de ce chef-lieu.

DÉSIGNATION des chemins et noms des cantonniers.	LIEUX et communes des domiciles.	CLASSES.	SALAIRE du mois.	INDEMNITÉS ou gratifications.	TOTAL.	RETENUES ou amendes à déduire.	RESTE dû en totalité à chaque cantonnier.	TOTAL par chemin.	DÉCOMPTE par cantonnier. Montant des sommes à verser aux caisses de *retraite* et de *secours*.	DÉCOMPTE par cantonnier. Somme nette à payer à chaque cantonnier.	IMPUTATION. Sous-chapitres.	IMPUTATION. Articles.	NUMÉROS des mandats.
1	2	3	4	5	6	7	8	9	10	11	12	13	14
			fr. c.	fr. c.	fr. c.	fr. c.	fr. c.	fr. c.	fr. c.	fr. c.			
Report...........................								*358 40*	*27 00*	*331 40*			
Totaux...........................								*358 40*	*27 00*	*331 40*			

Le présent décompte, montant à la somme totale de *trois cent cinquante-huit francs quarante centimes*, dont *trois cent trente et un francs quarante centimes* à payer aux cantonniers susdénommés, et *vingt-sept francs* à retenir pour être versés aux caisses de *retraites ou de secours*, dressé et certifié par l'Agent voyer d'arrondissement soussigné.

A , le 18 .

Vérifié par l'Agent voyer en chef soussigné, qui certifie qu'il peut être payé aux cantonniers dénommés ci-dessus, sur les fonds du budget de l'exercice 18 , la somme de

A , le 18 .

Vu et approuvé :

Le Préfet,

MINISTÈRE
DE L'INTÉRIEUR.

DÉPARTEMENT
d

ARRONDISSEMENT
d

EXERCICE 1870.

Numéro du journal des certificats de l'agent voyer en chef :

MODÈLE N° 41.

Art. 201 de l'Instruction générale.

Art. 100 du Règlement.

(Format : 0m,21 sur 0m,31.)

SERVICE VICINAL.

CHEMINS DE GRANDE COMMUNICATION.

TRAVAUX EN RÉGIE.

ÉTAT récapitulatif des sommes dues aux ouvriers auxiliaires, tâcherons et fournisseurs employés dans l'arrondissement de , pendant le mois de *février 1870.*

NUMÉROS du carnet. 1	NUMÉROS des feuilles d'attachements. 2	DÉSIGNATION des chemins et noms et professions des parties prenantes. 3	LIEUX et communes des domiciles (1). 4	DÉCOMPTES. 5	SOMMES A PAYER par individu. 6	SOMMES A PAYER par chemin. 7	IMPUTATION. sous-chapitres. 8	IMPUTATION. articles. 9	Nos des mandats. 10
					fr. c.	fr. c.			
		RÉSEAU (2) *SUBVENTIONNÉ.*							
		CHEMIN N° 11.							
30		*Berger, casseur de pierres.*	*Sauviac.*	*Cassage de 16m.c pierre à 3 fr. 50 c.*	*56 00*		*V.*	*1*	*387*
		Potel, carrier.	*Saint-Michel.*	*Extraction de 20m.c pierre à 1 fr. 50 c.* 30f *Emmétrage* 4	*34 00*	*90 00*	*V.*	*1*	*388*
		CHEMIN N° 24.							
11		*Delarue, charron.*	*Cély.*	*Mémoire du 14 février.*	*11 50*		*V.*	*6*	*389*
26	*1*	*Breton, terrassier.*	*Sauviac.*	*15 journées à 2 francs.*	*30 00*				*390*
		Rebel, idem.	*Idem.*	*17j 50 idem à 2 francs.*	*35 00*				*391*
		Lamy, idem.	*Saint-Michel.*	*12 idem à 1 fr. 50 cent.*	*18 00*				*392*
		Migré, idem.	*Idem.*	*20 idem à 1 fr. 50 cent.*	*30 00*				*393*
		Laurent, voiturier.	*Idem.*	*2 idem à 6 francs.*	*12 00*				*394*
27		*Frapin, marchand de bois.*	*Fleury.*	*Mémoire du 23 février.*	*51 60*				*395*
						188 10			
				A reporter.	....	*278 10*			

(1) Lorsque le domicile sera au chef-lieu même de la commune, on se bornera à inscrire le nom de ce chef-lieu.
(2) Subventionné ou non subventionné.

NUMÉROS du CARNET.	NUMÉROS des feuilles d'attachements.	DÉSIGNATION des chemins et NOMS ET PROFESSIONS des parties prenantes.	LIEUX et COMMUNES des domiciles.	DÉCOMPTES.	SOMMES A PAYER par INDIVIDU.	SOMMES A PAYER par CHEMIN.	IMPUTATION. SOUS-CHAPITRES.	IMPUTATION. ARTICLES.	Nos des MANDATS.
1	2	3	4	5	6	7	8	9	10
						fr. c.			
				Report........	....	278 10			
				A reporter........	....	278 10			

NUMÉROS du CARNET. 1	des feuilles d'attachements. 2	DÉSIGNATION des chemins et NOMS ET PROFESSIONS des parties prenantes. 3	LIEUX et COMMUNES des domiciles. 4	DÉCOMPTES. 5	SOMMES A PAYER par INDIVIDU. 6	SOMMES A PAYER par CHEMIN. 7	IMPUTATION. SOUS-CHAPITRES. 8	IMPUTATION. ARTICLES. 9	Nos des MANDATS. 10
						fr. c.			
				Report.	....	278 10			
				A reporter.	....	278 10			

NUMÉROS du CARNET. 1	des feuilles d'attachements. 2	DÉSIGNATION des chemins et NOMS ET PROFESSIONS des parties prenantes. 3	LIEUX et COMMUNES des domiciles. 4	DÉCOMPTES. 5	SOMMES A PAYER par INDIVIDU. 6	par CHEMIN. 7	IMPUTATION. SOUS-CHAPITRES. 8	ARTICLES. 9	N°s des MANDATS. 10
						fr. c.			
				Report............	....	278 10			
				Total............	....	278 10			

Le présent état récapitulatif, montant à la somme de *deux cent soixante et dix-huit francs dix centimes*, dressé et certifié par l'agent voyer d'arrondissement soussigné.

A , le 18 .

Vu et approuvé :

Le Préfet,

Vérifié par l'Agent voyer en chef, soussigné, qui certifie qu'il peut être payé aux individus dénommés ci-dessus, sur les fonds du budget de l'exercice 1870, la somme de *deux cent soixante et dix-huit francs dix centimes.*

A , le 18 .

MINISTÈRE
DE L'INTÉRIEUR.

DÉPARTEMENT
d

ARRONDISSEMENT
d

CHEMIN
de *grande* communication
n° *24.*

EXERCICE 18*70.*

ART. *80*
de la sous-répartition.

CRÉDIT
de *3,000 francs.*

Le sieur *Decosse*,
entrepreneur,
demeurant à *Cély.*

SOMME
dont
le payement est proposé :
1,400 francs.

(1) 4e à-compte.
(2) Entretien.
Grosses réparations.
Travaux neufs.

MODÈLE N° 42.

Art. 201
de l'Instruction générale.

Art. 100 du Règlement.

(Format : 0m,21 sur 0m,31.)

SERVICE VICINAL.

PROPOSITION DE PAYEMENT

POUR (1) *4e À-COMPTE.*

(2) *TRAVAUX NEUFS*

ENTRE *CÉLY* ET *PERTHES.*

CONSTRUCTION D'UN AQUEDUC.

ENTRE *CÉLY* ET *PERTHES.*

Adjudication passée le 1er mai 1869, au profit du sieur Decosse, moyennant un rabais de *10* p. o/o sur les prix du détail estimatif, et approuvée le *25 mai 1869,* par M. le Préfet.

Montant des travaux autorisés, rabais déduit. . . . .

L'Agent voyer de l'arrondissement de
soussigné,

Certifie que le montant total des ouvrages exécutés et des dépenses faites par le sieur *Decosse,* entrepreneur, en exécution de son marché, s'élève au moins, suivant le détail d'autre part et déduction faite du rabais, à la

somme de.			*3,186f 94c*
Dont à déduire :		fr. c.	
1/10e pour retenue de garantie.		*318 69*	*350 56*
1/100e pour secours aux ouvriers.		*31 87*	
RESTE à payer.			*2,836 38*
L'entrepreneur ayant reçu en compte sur les fonds de l'exercice.	1869, en nature.	*900 00*	*1,365 96*
	1869, en argent.	*225 00*	
	1870, en nature.	*240 96*	
	18 , en argent.		
	18 , en nature.		
	18 , en argent.		
	18 , en nature.		
	18 , en argent.		
Il reste dû.			*1,470 42*

En conséquence, il peut être délivré, par M. l'Agent voyer en chef du département, un certificat de payement d'une somme ronde de. *1,400 00*

A le 187 .

DÉCOMPTE DES OUVRAGES EXÉCUTÉS ET DÉPENSES FAITES

AU 28 FÉVRIER, SUR L'EXERCICE 1870.

INDICATION DES OUVRAGES.	QUANTITÉS.	NUMÉROS du bordereau ou des sous-détails.	PRIX de L'UNITÉ.	DÉPENSES PAR ARTICLE.	DÉPENSES PAR NATURE d'ouvrage.	DÉPENSES PAR NATURE de travaux.	OBSERVATIONS. DÉTAIL DE LA COMPOSITION de certains prix.
1	2	3	4	5	6	7	8
			fr. c.	fr. c.	fr. c.	fr. c.	
1° TRAVAUX TERMINÉS.							
Report des mois antérieurs de l'exercice courant..............................	"	"	"	"	"	929 54	
Pierres cassées à 0,07...............	120	7	8 00	960 00	960 00	960 00	
2° TRAVAUX NON TERMINÉS ET APPROVISIONNEMENTS.							
Pierres brutes dures emmétrées.........	50	3 et 4	6 53	326 50	401 50	401 50	
Sable pour cylindrage..............	25	13	3 00	75 00			
TOTAL...						2,291 04	
A déduire : Rabais de 10 p. o/o..............................						229 10	
Reste à compter....................................						2,061 94	
Report des travaux terminés pendant les exercices antérieurs, rabais déduit...............						1,125 00	
TOTAL.......................						3,186 94	

MINISTÈRE
DE L'INTÉRIEUR.

DÉPARTEMENT
d

ARRONDISSEMENT
d

COMMUNE
d (3)

MODÈLE N° 43.

Article 202
de l'Instruction générale.

Art. 101 du Règlement.

(Format 0m,21 sur 0m,31.)

SERVICE VICINAL.

PROCÈS-VERBAL DE RÉCEPTION PROVISOIRE.

CHEMIN D COMMUN N°

PARTIE COMPRISE ENTRE ET

RÉSEAU (1)

(2)

Le sieur (4) , *entrepreneur.*

L'an mil huit cent soixante , le
Nous, soussigné, agent voyer

, en (5) de
l'entrepreneur dûment appelé.

Nous sommes transporté

pour examiner et vérifier les travaux exécutés par le sieur
entrepreneur.

Nous avons reconnu que ces travaux sont terminés, et qu'ils peuvent être reçus provisoirement.

En foi de quoi nous avons dressé le présent procès-verbal.

A les jour, mois et an que dessus.

L'Entrepreneur, *L'Agent voyer,*

VU ET VÉRIFIÉ :
L'Agent voyer,

(1) Subventionné ou non subventionné.
(2) Entretien, grosses réparations, travaux neufs.
(3) Pour les chemins vicinaux ordinaires.
(4) Nom et prénoms.
(5) Présence ou absence.

MINISTÈRE
DE L'INTÉRIEUR.

DÉPARTEMENT
d

ARRONDISSEMENT
d

COMMUNE
d (7)

MODÈLE N° 44.

Article 202
de l'Instruction générale.

Article 101 du Règlement.

Format 0m,17 sur 0m,25.

SERVICE VICINAL.

PROCÈS-VERBAL DE RÉCEPTION DÉFINITIVE.

CHEMIN D   COMMUN   N°
PARTIE COMPRISE ENTRE   ET

RÉSEAU (1)

(2)

Le sieur (3)   , *entrepreneur,*
adjudicataire en vertu d   *en date du*   *18*   .

L'an mil huit cent soixante   , le
Nous, soussigné, agent voyer

, en (4)   de
l'entrepreneur dûment appelé.
Nous sommes transporté

pour examiner et vérifier les travaux exécutés par le sieur
entrepreneur (5)

Nous avons reconnu que ces travaux satisfont aux conditions du devis, et se trouvent en bon état d'entretien.

En conséquence, le délai de garantie étant expiré, nous déclarons qu'il y a lieu d'en accorder la réception définitive.

A   , les jour, mois et an que dessus.

L'Agent voyer,

VU et APPROUVÉ :

Le (6)

L'Entrepreneur,

VU et VÉRIFIÉ :

L'Agent voyer,

(1) Subventionné ou non subventionné.
(2) Entretien, grosses réparations, travaux neufs.
(3) Nom et prénoms.
(4) Présence ou absence.
(5) Lorsqu'il s'agira de travaux d'entretien, on ajoutera *pendant l'année 18*
(6) Le *Préfet*, pour les chemins de grande et de moyenne communication; *le maire*, pour les chemins vicinaux ordinaires.
(7) Pour les chemins vicinaux ordinaires.

MINISTÈRE
DE L'INTÉRIEUR.

DÉPARTEMENT
d

ARRONDISSEMENT
d

COMMUNE
d(4)

MODÈLE N° 45.

Article 202
de l'Instruction générale.

Art. 101 du Règlement.

Format : $0^m,21$ sur $0^m,31$.

SERVICE VICINAL.

CHEMIN D COMMUN N°

PARTIE COMPRISE ENTRE ET

RÉSEAU (1)

(2)

DÉCOMPTE

Des ouvrages exécutés à joindre au procès-verbal de réception(3) du

Le sieur entrepreneur
déclaré adjudicataire par en date du

(1) Subventionné ou non subventionné.
(2) Entretien, grosses réparations, travaux neufs.
(3) Provisoire ou définitive.
(4) Pour les chemins vicinaux ordinaires.

INDICATION DES OUVRAGES.	QUANTITÉS.	NUMÉROS du bordereau ou des sous-détails.	PRIX de L'UNITÉ.	DÉPENSES PAR ARTICLE.	DÉPENSES PAR NATURE d'ouvrage.	OBSERVATIONS. Détail de la composition de certains prix.
1	2	3	4	5	6	7
A reporter......................................						

INDICATION DES OUVRAGES.	QUANTITÉS.	NUMÉROS du bordereau ou des sous-détails.	PRIX de L'UNITÉ.	DÉPENSES		OBSERVATIONS.
				PAR ARTICLE.	PAR NATURE d'ouvrage.	Détail de la composition de certains prix.
1	2	3	4	5	6	7
Report..................	....	......	......			
A reporter..						

INDICATION DES OUVRAGES. 1	QUANTITÉS. 2	NUMÉROS du bordereau ou des sous-détails. 3	PRIX de L'UNITÉ. 4	DÉPENSES PAR ARTICLE. 5	DÉPENSES PAR NATURE d'ouvrage. 6	OBSERVATIONS. Détail de la composition de certains prix. 7
Report..................	....	......	......			
TOTAL..................................						
A déduire, rabais de p. 0/0..................						
MONTANT des dépenses....................						

Le présent décompte, montant à la somme de

dressé et certifié par l'agent voyer soussigné.

A , le 18 .

ACCEPTÉ par l'entrepreneur soussigné,

Vu et VÉRIFIÉ

Vu et APPROUVÉ : par l'agent voyer soussigné.

Le (1)

A , le 18 .

(1) Le *Préfet*, pour les chemins de grande communication et d'intérêt commun; le *Maire*, pour les chemins vicinaux ordinaires.

MINISTÈRE
DE L'INTÉRIEUR.

DÉPARTEMENT
d

ARRONDISSEMENT
d

COMMUNE
d (3)

EXERCICE 187 .

MODÈLE N° 46.

Article 202
de l'Instruction générale.

Art. 101 du Règlement.

Format 0m,17 sur 0m,25.

SERVICE VICINAL.

RÉCEPTION DE MATÉRIAUX.

CHEMIN D COMMUN N°

RÉSEAU (1)

TRAVAUX D'ENTRETIEN.

Adjudication passée le 187 , au profit du sieur

Le ,

Nous soussigné, agent voyer d

nous sommes rendu sur le chemin n° , et nous y avons procédé, en (2) de l'entrepreneur, dûment appelé, à la réception des matériaux par lui approvisionnés.

Ceux de ces matériaux auxquels nous avons reconnu les qualités et dimensions prescrites par les devis sont les suivants,

SAVOIR :

DÉSIGNATION des SECTIONS DU CHEMIN où sont déposés les matériaux.	ESPÈCES DE MATÉRIAUX.							DESTINATION DES MATÉRIAUX.
	PIERRES CASSÉES à l'anneau de	de	PIERRES non cassées.	CAILLOUX.	SABLE.	GRAVIER.		
1	2	3	4	5	6	7	8	9
A reporter.....								

(1) Subventionné *ou* non subventionné.

(2) L'absence *ou* la présence.

(3) Pour les chemins vicinaux ordinaires.

DÉSIGNATION des SECTIONS DU CHEMIN où sont déposés les matériaux.	ESPÈCES DE MATÉRIAUX.							DESTINATION DES MATÉRIAUX.
	PIERRES CASSÉES à l'anneau		PIERRES non cassées.	CAILLOUX.	SABLE.	GRAVIER.		
	de	de						
1	2	3	4	5	6	7	8	9
Report.......								
Totaux.......								

Nous avons, en conséquence, reçu les fournitures ci-après (1) :

pierres cassées à l'anneau de
pierres cassées à l'anneau de
pierres non cassées,
cailloux,
sable,
gravier,

dont le compte détaillé est donné dans le tableau qui précède.

Le présent procès-verbal dressé en deux expéditions, dont l'une a été remise au sieur

L'Agent voyer

Vu :
Le Maire (2),

Inscrit par l'agent voyer cantonal,
sous le n° de son carnet.

Accepté
par l'entrepreneur :

(1) Écrire les quantités en toutes lettres.

(2) Pour les chemins vicinaux ordinaires.

MINISTÈRE
DE L'INTÉRIEUR.

DÉPARTEMENT
d

ARRONDISSEMENT
d

MODÈLE N° 47.

Art. 203
de l'Instruction générale.

Art. 102 du Règlement.

Format : $0^m,275$ sur $0^m,44$.

SERVICE VICINAL.

LIVRE
DE COMPTABILITÉ DE L'AGENT VOYER D'ARRONDISSEMENT.

M AGENT-VOYER D'ARRONDISSEMENT.

1RE PARTIE.

CHEMINS DE GRANDE COMMUNICATION.

Modèle n° 47, A.

RÉPERTOIRE.

NUMÉROS des CHEMINS.	NUMÉROS DES PAGES DES COMPTES OUVERTS AU LIVRE DE COMPTABILITÉ.						NUMÉROS des CHEMINS.	NUMÉROS DES PAGES DES COMPTES OUVERTS AU LIVRE DE COMPTABILITÉ.					
	Entreprises.	Travaux en régie.	Cantonniers.	Indemnités de terrains.	Dommages.	Dépenses diverses.		Entreprises.	Travaux en régie.	Cantonniers.	Indemnités de terrains.	Dommages.	Dépenses diverses.
1	2	3	4	5	6	7	1	2	3	4	5	6	7
RÉSEAU (1)													

(1) Subventionné *ou* non subventionné.

COMPTES OUVERTS

A CHACUN DES ARTICLES DE LA SOUS-RÉPARTITION.

DÉPENSES FAITES ET PROPOSITIONS DE PAYEMENT.

TRAVAUX PAR ENTREPRISE.

Article 46.
de la sous-répartition.

MODÈLE N° 47 B.

Crédit de 2,000f { Nature 500f / Argent 1,500

M. agent voyer.

TRAVAUX A L'ENTREPRISE.

CHEMIN DE *GRANDE* COMMUNICATION N° *11*.

RÉSEAU (1) *SUBVENTIONNÉ*.

TRAVAUX (2) *D'ENTRETIEN* ENTRE (*TOUT LE CHEMIN*) ET

Adjudication du 15 octobre 1868. — *Rabais de* 6 *p. 0/0.*
Montant de l'adjudication :

Le Sieur *DUPRÉ*, entrepreneur, demeurant à *Saint-Hippolyte*.

NUMÉROS des situations	DATES des situations.	TRAVAUX terminés, rabais non déduit.	TRAVAUX non terminés rabais non déduit.	TOTAL, rabais déduit.	MONTANT pour ordre des presta-tions employées	DATES DES PROPOSITIONS de payement.	MONTANT DES PROPOSITIONS de payement.			MANDATS.		OBSERVATIONS.
							Nature.	Argent.	Total.	DATES.	MONTANT.	
1	2	3	4	5	6	7	8	9	10	11	12	13
		fr. c.	fr. c.	fr. c.	fr. c.		fr. c.	fr. c.	fr. c		fr. c.	
Report des années antérieures....			"		"	"				"		"
1	*28 février.*	*1,104f*	"	*1,037f 76c*	"	*10 mars.*		*900f*	*900f*	*17 mars.*	*900f*	1er à-compte.

(1) Subventionné ou non subventionné.
(2) Entretien, grosses réparations, travaux neufs.

Article *80* de la sous-répartition.

Crédit de *3,000f.* { Argent *2,600f* / Nature *400* }

M. agent voyer.

(1) Subventionné ou non subventionné.
(2) Entretien, grosses réparations, travaux neufs.

TRAVAUX A L'ENTREPRISE.

CHEMIN DE *GRANDE* COMMUNICATION N° *24*.

RÉSEAU (1) *SUBVENTIONNÉ*.

(2) *TRAVAUX NEUFS ENTRE CÉLY ET PERTHES.*

CONSTRUCTION D'UN AQUEDUC.

Adjudication du 1er mai 1869. — *Rabais de* 10 *p.* 0/0.
Montant de l'adjudication :

Le sieur *Decosse*, entrepreneur, demeurant à *Cély*.

NUMÉROS des situations.	DATES des SITUATIONS.	TRAVAUX terminés, rabais non déduit.	TRAVAUX non terminés, rabais non déduit.	TOTAL, rabais déduit.	MONTANT pour ordre des prestations employées.	DATES des PROPOSITIONS de payement.	MONTANT DES PROPOSITIONS de payement. Nature.	Argent.	Total.	MANDATS. DATES.	MONTANT.	OBSERVATIONS
1	2	3	4	5	6	7	8	9	10	11	12	13
		fr. c.	fr. c.	fr. c.	fr. c.		fr. c.	fr. c.	fr. c.		fr. c.	
Report des années antérieures....		*1,250 00*	*″*	*1,125 00*	*900 00*	*″*	*″*	*″*	*″*	*″*	*1,125 00*	*″*
1	*4 février..*	*929 54*	(B) *435 00*	*1.228 09*	*″*	*10 mars..*	*240 96*	*″*	*240 96*	*10 mars..*	*240 96*	3e à-compte.
2	*4 mars...*	*960 00*	*401 50*	*″*	*240 96*	*10 mars..*	*″*	*1,400*	*1,400 00*	*17 mars..*	*1,400 00*	4e à-compte.
Totaux au *28 fév.*		*1,889 54*	*401 50*	*2,061 94*	*240 96*		*240 96*	*1,400*	*1,640 96*		*1,640 96*	

Article 72
de la sous-répartition.

Crédit de *1,600f 00c* { Nature *320* / Argent *1,280*

M. agent voyer.

(1) Subventionné *ou* non subventionné.
(2) Entretien, grosses réparations, travaux neufs.

TRAVAUX A L'ENTREPRISE.

CHEMIN DE *GRANDE* COMMUNICATION N° *24*.

RÉSEAU (1) *SUBVENTIONNÉ*.

TRAVAUX (2) *D'ENTRETIEN* ENTRE *SAINT-MAMÈS* ET *VILLENEUVE*.

Adjudication du 15 octobre 1868. — *Rabais de* 4 *p. 0/0*.
Montant de l'adjudication :

Le Sieur *Labat*, entrepreneur, demeurant à *Saint-André*.

NUMÉROS des situations	DATES des SITUATIONS.	TRAVAUX terminés, rabais non déduit.	TRAVAUX non terminés, rabais non déduit.	TOTAL, rabais déduit.	MONTANT pour ordre des prestations employées	DATES DES PROPOSITIONS de payement.	MONTANT DES PROPOSITIONS de payement. Nature.	Argent.	Total.	MANDATS. DATES.	MONTANT.	OBSERVATIONS.
1	2	3	4	5	6	7	8	9	10	11	12	13
		fr. c.	fr. c.	fr. c.	fr. c.		fr. c.	fr. c.	fr. c.		fr. c.	
Report des années antérieures...			//		//	//	//	//	//			//
1	*31 janvier*		(B) *330 00*	(B) *316 80*		*10 mars.....*		*250 00*	*250 00*	*17 mars.*	*250 00*	1er à-compte.
2	*28 février.*		*602 00*	*577 92*		*Idem........*		*200 00*	*200 00*	*Idem.*	*200 00*	2e à-compte.
Totaux au 28 fév.			*602 00*	*577 92*				*450 00*	*450 00*		*450 00*	

Nota. Les chiffres marqués (B) doivent être biffés en rouge.

Crédit de 2,800f { Nature. *1,090*f / Argent. *1,710*

MODÈLE N° 47 C.

Dépenses faites sur les exercices antérieurs (3) fr.......

TRAVAUX EN RÉGIE.

CHEMIN DE *GRANDE* COMMUNICATION N° *11*.

RÉSEAU (1) *SUBVENTIONNÉ*.

(2) *ENTRETIEN*.

ENTRE (*TOUT LE CHEMIN*) ET

INDICATION des pièces fournies et nature des dépenses.	MONTANT DES DÉPENSES. Nature.	Argent.	Total.	DATES des propositions de payement.	des mandats.	MONTANT des mandats	OBSERVATIONS.	INDICATION des pièces fournies et nature des dépenses.	MONTANT DES DÉPENSES. Nature.	Argent.	Total.	DATES des propositions de payement.	des mandats.	MONTANT des mandats	OBSERVATIONS.
1	2	3	4	5	6	7	8	1	2	3	4	5	6	7	8
	fr. c.	fr. c.	fr. c.			fr. c.			fr. c.	fr. c.	fr. c.			fr. c.	
JANVIER.															
Quittance DEBAT	»	7 20	7 20	*10 février.*	*18 février.*	7 20									
Feuille d'attachements Buisson........	»	65 00	65 00	*Idem....*		65 00									
TOTAL....	»	72 20	72 20			72 20									
FÉVRIER.															
Prestations de Sauviac.....	520f 00	»	520 00	*10 mars..*	*20 mars.*	520 00									
État de tâches..	»	90 00	90 00	*Idem....*	*Idem....*	90 00									
TOTAL....	520 00	162 20	682 20			682 20									

(1) Subventionné ou non subventionné.
(2) Entretien, grosses réparations ou travaux neufs.
(3) Pour les travaux neufs et de grosses réparations.

Crédit de 200f. { Nature.. » Argent.. 200f

TRAVAUX EN RÉGIE.

Dépenses faites sur les exercices antérieurs (3) fr......

(1) Subventionné ou non subventionné.
(2) Entretien, travaux neufs ou grosses réparations.
(3) Pour les travaux neufs et de grosses réparations.

CHEMIN DE *GRANDE* COMMUNICATION N° 24.

RÉSEAU (1) *SUBVENTIONNÉ.*

(2) *ENTRETIEN.*

ENTRE *SAINT-MAMÈS* ET *VILLENEUVE.*

INDICATION des pièces fournies et nature des dépenses.	MONTANT DES DÉPENSES.			DATES		MONTANT des mandats	OBSERVATIONS.	INDICATION des pièces fournies et nature des dépenses.	MONTANT DES DÉPENSES.			DATES		MONTANT des mandats	OBSERVATIONS.
	Nature.	Argent.	Total.	des propositions de payement.	des mandats.				Nature.	Argent.	Total.	des propositions de payement.	des mandats.		
1	2	3	4	5	6	7	8	1	2	3	4	5	6	7	8
	fr. c.	fr. c.	fr. c.			fr. c.			fr. c.	fr. c.	fr. c.			fr. c.	
JANVIER.	»	»	»	»	»	»									
FÉVRIER.															
Feuille d'attachements Manaquin	»	*125 00*	*125 00*	*10 mars.*	*20 mars.*	*125 00*									

Crédit de *200f*. { Nature. . *//* Argent. . *200f*

TRAVAUX EN RÉGIE.

Dépenses faites sur les exercices antérieurs (3), fr........

(1) Subventionné *ou* non subventionné.
(2) Entretien, travaux neufs ou grosses réparations.
(3) Pour les travaux neufs et de grosses réparations.

CHEMIN DE *GRANDE* COMMUNICATION N° *24*.

RÉSEAU (1) *SUBVENTIONNÉ*.

(2) *TRAVAUX NEUFS*.

ENTRE *CÉLY* ET *PERTHES*.

Construction d'un aqueduc.

INDICATION des pièces fournies et nature des dépenses.	MONTANT DES DÉPENSES.			DATES		MONTANT des mandats	OBSERVATIONS.	INDICATION des pièces fournies et nature des dépenses.	MONTANT DES DÉPENSES.			DATES		MONTANT des mandats	OBSERVATIONS.
	Nature.	Argent.	Total.	des propositions de payement.	des mandats.				Nature.	Argent.	Total.	des propositions de payement.	des mandats.		
1	2	3	4	5	6	7	8	1	2	3	4	5	6	7	8
	fr. c.	fr. c.	fr. c.			fr. c.			fr. c.	fr. c.	fr. c.			fr. c.	
JANVIER.	//	//	//	//	//	//									
FÉVRIER.															
Mémoire Frapin........	//	*51 60*	*51 60*	*10 mars.*	*20 mars..*	*51 60*									

SALAIRES DES CANTONNIERS.

Modèle n° 47 D.

MOIS.	DATES des ordonnancements de payement.	CHEMIN N° 11, crédit de 2,400f. Dépenses faites.				CHEMIN N° 21, crédit de 1,800f. Dépenses faites.				CHEMIN N° crédit de Dépenses faites.			
		À payer directement aux cantonniers.	À verser aux caisses de retraite et de secours.	TOTAL.	Propositions de payement délivrées.	À payer directement aux cantonniers.	À verser aux caisses de retraite et de secours.	TOTAL.	Propositions de payement délivrées.	À payer directement aux cantonniers.	À verser aux caisses de retraite et de secours.	TOTAL.	Propositions de payement délivrées.
1	2	3	4	5	6	7	8	9	10	11	12	13	14
		fr. c.	fr. c.	fr. c.	fr. c.	fr. c.	fr. c.	fr. c.	fr. c.	fr. c.	fr. c.	fr. c.	fr. c.
Janvier........	*10 février*......	*199 00*	*14 00*	*213 00*	*199 00*	*138 00*	*13 00*	*151 00*	*138 00*				
Février........	*10 mars*.......	*194 20*	*14 00*	*208 20*	*222 20*	*137 20*	*13 00*	*150 20*	*163 20*				
	TOTAL......	*393 20*	*28 00*	*421 20*	*421 20*	*275 20*	*26 00*	*301 20*	*301 20*				
Mars........													
	TOTAL......												
Avril........													
	TOTAL......												
Mai........													
	TOTAL......												
Juin........													
	TOTAL......												
Juillet........													
	TOTAL......												
Août........													
	TOTAL......												
Septembre......													
	TOTAL......												
Octobre........													
	TOTAL......												
Novembre......													
	TOTAL......												
Décembre......													
	TOTAL......												
	TOTAL GÉNÉRAL..												

MOIS.	CHEMIN N° crédit de Dépenses faites.				CHEMIN N° crédit de Dépenses faites.				CHEMIN N° crédit de Dépenses faites.				CHEMIN N° crédit de Dépenses faites.			
	À payer directement aux cantonniers.	À verser aux caisses de retraite et de secours.	TOTAL.	Propositions de payement délivrées.	À payer directement aux cantonniers.	À verser aux caisses de retraite et de secours.	TOTAL.	Propositions de payement délivrées.	À payer directement aux cantonniers.	À verser aux caisses de retraite et de secours.	TOTAL.	Propositions de payement délivrées.	À payer directement aux cantonniers.	À verser aux caisses de retraite et de secours.	TOTAL.	Propositions de payement délivrées.
1	15	16	17	18	19	20	21	22	23	24	25	26	27	28	29	30
	fr. c.	fr. c.	fr. c.	fr. c.	fr. c.	fr. c.	fr. c.	fr. c.	fr. c.	fr. c.	fr. c.	fr. c.	fr. c.	fr. c.	fr. c.	fr. c.
Janvier																
Février																
TOTAL																
Mars																
TOTAL																
Avril																
TOTAL																
Mai																
TOTAL																
Juin																
TOTAL																
Juillet																
TOTAL																
Août																
TOTAL																
Septembre																
TOTAL																
Octobre																
TOTAL																
Novembre																
TOTAL																
Décembre																
TOTAL																
TOTAL GÉNÉRAL																

NOTA. *On a supposé que les versements avaient été faits aux caisses de retraite et de secours, à la fin de février.*

Modèle n° 47 E.

INDEMNITÉS DE TERRAINS.

Nos D'ORDRE.	COMMUNES où sont situés les terrains.	NOMS, prénoms et domicile des vendeurs.	SECTIONS et numéros du plan cadastral.	CONTENANCE.	DATE de l'occupation des terrains.	SOMMES à payer en principal.	DATE de l'envoi de l'acte à l'agent voyer en chef.	DATE de la délivrance du mandat.	MONTANT des intérêts.	MONTANT des mandats.	CESSIONS gratuites.	OBSERVATIONS.
1	2	3	4	5	6	7	8	9	10	11	12	13
						fr. c.			fr. c.	fr. c.		
	CHEMIN DE *GRANDE* COMMUNICATION N° *24*. CRÉDIT DE *300f*.											
	RÉSEAU (1) *SUBVENTIONNÉ.*											
	Sommes restant dues à la fin de l'exercice précédent....					*250 00*	*"*	*"*	*"*	*"*	*"*	
1	*Cély*.......	*Jumeau (Jean-Baptiste), à Cély*......	*26 E*	*2a 20*	*31 janvier.*	*"*	*"*	*"*	*"*	*"*	*"*	
2	*Idem*.......	*Taleau jeune, à Cély*.....	*28 E*	*3a 10*	*Idem*..	*124 00*	*20 fév.*	*15 mars*	*"*	*124 00*	*"*	
3	....	*Germain (Arthur), à Perthes*.......	*124 D*	*1a 25*	*Idem*..	*50 00*	*Idem*..	*Idem*..	*"*	*50 00*	*"*	

(1) Subventionné *ou* non subventionné.

MODÈLE N° 47 F.

INDEMNITÉS POUR DOMMAGES CAUSÉS AUX PROPRIÉTÉS.

N^{os} D'ORDRE.	DÉSIGNATION des COMMUNES.	NOMS des CRÉANCIERS.	NATURE du DOMMAGE.	SOMME ALLOUÉE.	DATES			DATE de la DÉCISION du conseil de pré-fecture.	MANDATS DÉLIVRÉS.		OBSERVATIONS.
					de la CONVENTION amiable.	de son ENVOI à l'agent voyer en chef.	de L'APPROBATION par le préfet.		Dates.	Montant.	
1	2	3	4	5	6	7	8	9	10	11	12
				fr. c.						fr. c.	
CHEMIN DE *GRANDE* COMMUNICATION N° *24*. CRÉDIT DE *50f*.											
RÉSEAU (1) *SUBVENTIONNÉ.*											
Sommes restant dues à la fin de l'exercice précédent.											
1	*Auroy*........	*JULLEMIER (Joseph), à Auroy.*	*Privation de culture.*	*22 50*	*1er mars.*	*10 mars.*	*15 mars.*		*25 mars.*	*22 50*	

(1) Subventionné *ou* non subventionné.

Modèle n° 47 G.

DEPENSES DIVERSES.

NOMS, PRÉNOMS et DOMICILE des parties prenantes.	INDICATION SOMMAIRE DES DÉPENSES.	PROPOSITIONS DE PAYEMENT.		MANDATS DÉLIVRÉS.		OBSERVATIONS.
		Dates.	Montant.	Dates.	Montant.	
1	2	3	4	5	6	7
			fr. c.		fr. c.	
CHEMIN DE *GRANDE* COMMUNICATION N° 24. CRÉDIT DE 25f.						
RÉSEAU (1) *SUBVENTIONNÉ.*						
Delarue, à Cély	*Fourniture de piquets*	*10 mars*	*11 50*	*20 mars*	*11 50*	
CHEMIN DE COMMUNICATION N° .						
RÉSEAU (1)						

(1) Subventionné *ou* non subventionné.

Modèle n° 47 H.

CHEMINS VICINAUX DE GRANDE COMMUNICATION.

COMPTE RENDU

DE L'EMPLOI DE LA PRESTATION

COMPTE RENDU DE L'EMPLOI DE LA PRESTATION.

NOMS DES COMMUNES.	MONTANT des cotes ou extraits de rôles affectés aux travaux du chemin.	MONTANT, SUIVANT LE RÔLE, DES PRESTATIONS ACQUITTÉES POUR : Entretien. Entreprise.	Entretien. Régie.	Grosses réparations. Entreprise.	Grosses réparations. Régie.	Travaux neufs. Entreprise.	Travaux neufs. Régie.	TOTAL par commune.	RESTE à recouvrer ou excédent. — Différence entre les colonnes 2 et 9.	OBSERVATIONS.
1	2	3	4	5	6	7	8	9	10	11
	fr. c.	fr. c.	fr. c.	fr. c.	fr. c.	fr. c.	fr. c.	fr. c.	fr. c.	
CHEMIN DE GRANDE COMMUNICATION N° 11. RÉSEAU (1) SUBVENTIONNÉ.										
Saint-Michel	350 00									
Sauvine	740 00	»	520 00	»	»	»	»	520 00	220 00	
Cély	400 00									
TOTAUX	1,490 00									
CHEMIN DE GRANDE COMMUNICATION N° 24. RÉSEAU (1) SUBVENTIONNÉ.										
Sauvine	400 00	»	»	»	»		»	184 50	215 50	
Cély	320 00									
TOTAUX	720 00									
CHEMIN DE GRANDE COMMUNICATION N° RÉSEAU (1)										
TOTAUX										

MONTANT, SUIVANT LE BORDEREAU DES PRIX, DES TRAVAUX FAITS PAR PRESTATIONS ET REMIS EN COMPTE AUX ENTREPRENEURS : Entretien. Dates des procès-verbaux de remise des travaux.	Entretien. Montant.	Grosses réparations. Dates des procès-verbaux de remise des travaux.	Grosses réparations. Montant.	Travaux neufs. Dates des procès-verbaux de remise des travaux.	Travaux neufs. Montant.	DIFFÉRENCE pour plus-value.	DIFFÉRENCE pour moins-value.	OBSERVATIONS.
12	13	14	15	16	17	18	19	20
	fr. c.		fr. c.		fr. c.	fr. c.	fr. c.	
COMMUNICATION N° 11. SUBVENTIONNÉ.								
....		....		....				
COMMUNICATION N° 24. SUBVENTIONNÉ.								
	»		»	27 février 1870.	240 96	56 46	»	
....		....		....				
COMMUNICATION N°								
....		....		....				

(1) Subventionné ou non subventionné.

SERVICE VICINAL.

2e PARTIE.

CHEMINS VICINAUX D'INTÉRÊT COMMUN.

(Voir modèles 47 A, B, C, D, E, F, G, H.)

MINISTÈRE
DE L'INTÉRIEUR.

DÉPARTEMENT
d

ARRONDISSEMENT
d

MODÈLE N° 47.

SERVICE VICINAL.

3^E PARTIE.

CHEMINS VICINAUX ORDINAIRES.

LIVRE DE COMPTABILITÉ

DE L'AGENT VOYER D'ARRONDISSEMENT.

M. , AGENT VOYER D'ARRONDISSEMENT.

Modèle n° 47 I.

CHEMINS VICINAUX ORDINAIRES.

RÉPERTOIRE.

DÉSIGNATION DES COMMUNES. 1	NUMÉROS des PAGES des comptes ouverts. 2	DÉSIGNATION DES COMMUNES. 1	NUMÉROS des PAGES des comptes ouverts. 2	DÉSIGNATION DES COMMUNES. 1	NUMÉROS des PAGES des comptes ouverts. 2
Réseau (1)					

(1) Subventionné ou non subventionné.

Modèle n° 47 J.

CHEMINS VICINAUX ORDINAIRES.

COMPTES OUVERTS.

DÉPENSES FAITES ET VISAS DES CERTIFICATS DE PAYEMENT.

CRÉDITS ET DÉPENSES FAITES.

INDICATION DES MOIS.	INDICATION DES CRÉDITS ET DES DÉPENSES FAITES A LA FIN DE CHAQUE MOIS.												
	ENTRETIEN.				GROSSES RÉPARATIONS. Travaux à l'entreprise et en régie.			TRAVAUX NEUFS. Travaux à l'entreprise et en régie.			INDEMNITÉS de terrains.	DOMMAGES et dépenses diverses.	TOTAL général.
	Cantonniers.	Travaux à l'entreprise et en régie. Nature.	Travaux à l'entreprise et en régie. Argent.	TOTAL.	Nature.	Argent.	TOTAL.	Nature.	Argent.	TOTAL.			
1	2	3	4	5	6	7	8	9	10	11	12	13	14
	fr. c.	fr. c.	fr. c.	fr. c.	fr. c.	fr. c.	fr. c.	fr. c.	fr. c.	fr. c.	fr. c.	fr. c.	fr. c.
1° RÉSEAU SUBVENTIONNÉ.													
Crédits ouverts au budget de la commune..	700 00	"	1,000	1,700 00	"	"	"	570 00	1,700 00	2,270 00	800 00	210 00	4,980 00
Dépenses faites du 1er janvier au 31 janvier.	70 00	"	"	70 00	"	"	"	"	"	"	"	"	70 00
Au 28 février...	140 80	"	"	140 80	"	"	"	358 00	940 80	1,298 80	150 42	"	1,590 02
Au 31 mars....													
Au 30 avril.....													
Au 31 mai.....													
Au 30 juin.....													
Au 31 juillet. ..													
Au 31 août.....													
Au 30 septembre.													
Au 31 octobre. .													
Au 30 novembre.													
Au 31 décembre.													
2° RÉSEAU NON SUBVENTIONNÉ.													
Crédits ouverts au budget de la commune..													
Dépenses faites du 1er janvier au 31 janvier.													
Au 28 février...													
Au 31 mars....													
Au 30 avril....													
Au 31 mai.....													
Au 30 juin.....													
Au 31 juillet...													
Au 31 août....													
Au 30 septembre													
Au 31 octobre..													
Au 30 novembre.													
Au 31 décembre.													

DE *SAUVIAC.*

VISAS DES CERTIFICATS DE PAYEMENT.

NUMÉROS d'ordre des visas.	DATES des visas.	INDICATION DES PIÈCES VISÉES. — Noms des parties prenantes, etc. etc.	MONTANT DES CERTIFICATS DE PAYEMENT VISÉS.									
			ENTRETIEN.			GROSSES réparations.		TRAVAUX NEUFS.		INDEMNITÉS de terrains.	DOMMAGES et dépenses diverses.	TOTAL.
			Cantonniers.	Travaux à l'entreprise et en régie.		Travaux à l'entreprise et en régie.		Travaux à l'entreprise et en régie.				
				Nature.	Argent.	Nature.	Argent.	Nature.	Argent.			
1	2	3	4	5	6	7	8	9	10	11	12	13
			fr. c.	fr. c.	fr. c.	fr. c.	fr. c.	fr. c.	fr. c.	fr. c.	fr. c.	fr. c.
			1° RÉSEAU *SUBVENTIONNÉ.*									
1	6 févr.	Décompte des cantonniers..	70 00	"	"	"	"	"	"	"	"	70 00
2	25 id.	Chalopin, propriétaire....	"	"	"	"	"	"	"	90 30	"	90 30
3	6 mars	Luquet, entrepreneur.....	"	"	"	"	"	"	450	"	"	450 00
4	Idem.	Décompte des cantonniers..	70 80	"	"	"	"	"	"	"	"	70 80
5	Idem.	Rôle de prestations......	"	"	"	"	"	358	"	"	"	358 00
		TOTAUX......	140 80	"	"	"	"	358	450	90 30	"	1,039 10

Modèle n° 47 K.

INDEMNITÉS DE TERRAIN.

NUMÉROS D'ORDRE.	NUMÉROS DES CHEMINS.	NOMS, PRÉNOMS et domicile des vendeurs.	SECTIONS et numéros du plan cadastral.	CONTENANCES.	DATE de L'OCCUPATION du terrain.	SOMMES à payer en principal.	DATE de LA RÉDACTION de l'acte.	DATE du MANDAT.	MONTANT des intérêts.	MONTANT des mandats.	CESSIONS gratuites.	OBSERVATIONS.
1	2	3	4	5	6	7	8	9	10	11	12	13
						fr. c.			fr. c.	fr. c.		
		COMMUNE DE *SAUVIAC*. — CRÉDIT ALLOUÉ POUR 187 ... *800f.*										
		RÉSEAU *SUBVENTIONNÉ* (1).										
		Sommes dues des années antérieures en principal...										
1	*4*	*Chalopin (Paul), à Sauviac.*	*26 A.*	*3 ares 01*	*15 janv. 1870.*	*90 30*	*18 fév. 1870.*	*25 février.*	"	*90 30*	"	
2	*5*	*Lafosse (Victor), à Sauviac.*	*228 B.*	*2 ares 04*	"	*60 12*	"	"	"	"	"	

(1) Subventionné ou non subventionné.

MINISTÈRE
DE L'INTÉRIEUR.

DÉPARTEMENT
d

MODÈLE N° 48.

Art. 204
de l'Instruction générale.

Art. 103 du Règlement.

Format : $0^m,275$ sur $0^m,44$.

SERVICE VICINAL.

CHEMINS VICINAUX DE GRANDE COMMUNICATION.

ÉTAT SOMMAIRE

DES DÉPENSES FAITES ET DES PROPOSITIONS DE PAYEMENT

DÉLIVRÉES A LA FIN DE CHAQUE .

ARRONDISSEMENT d

M. AGENT VOYER DE L'ARRONDISSEMENT.

N° des chemins	Sections	NATURE DES DÉPENSES.		CRÉDITS ouverts par article. En nature.	par article. En argent.	par nature de dépenses.	MONTANT A LA FIN DE CHAQUE ... DES DÉPENSES. Dépenses faites. Nature.	Argent.	TOTAL.	Propositions de payement délivrées. Nature.	Argent.	TOTAL.	Dépenses faites. Nature.	Argent.	TOTAL.	Propositions de payement délivrées. Nature.	Argent.	TOTAL.
1	2	3		4	5	6	7	8	9	10	11	12	13	14	15	16	17	18
				fr.	fr.	fr.		fr. c.	fr. c.		fr. c.	fr. c.	fr. c.	fr. c.	fr. c.	fr. c.	fr. c.	fr. c.
21	Entretien.	Cantonniers		»	1,500		»	212 00	212 00	»	199 00	199 00	»	421 90	421 90	»	421 90	421 90
		Entre (tout le chemin)	Entreprise.	400	1,500	7,200	»	»	»	»	»	»	»	1,037 76	1,037 76	»	980 00	980 00
		et	Régie	1,000	1,710		»	72 90	72 90	»	72 90	72 90	520 00	103 90	623 90	520 00	165 90	685 90
		Entre	Entreprise.															
		et	Régie															
	Grosses réparations.	Entre	Entreprise.															
		et	Régie															
		Entre	Entreprise.															
		et	Régie															
	Travaux neufs.	Entre	Entreprise.															
		et	Régie															
		Entre	Entreprise.															
		et	Régie															
		Entre	Entreprise.															
		et	Régie															
		Indemnités de terrains																
		Dommages																
		Dépenses diverses																
		Totaux par chemin		1,650	5,440	7,200	»	285 10	285 10	»	271 90	271 90	520 00	1,921 16	2,441 16	520 00	1,563 45	2,083 40
24	Entretien.	Cantonniers		»	1,800		»	161 00	161 00	»	138 00	138 00	»	301 20	301 20	»	301 20	301 20
		Entre Saint-Mesmin	Entreprise.	320	1,200	3,000	»	216 40	216 40	»	250 00	250 00	»	577 97	577 96	»	458 06	456 86
		et Villeneuve	Régie	»	280		»	»	»	»	»	»	»	125 06	125 06	»	125 06	125 06
	Travaux neufs.	Entre Gilly et Perthes, construction d'un aqueduc	Entreprise.	400	2,600	4,000	»	1,258 96	1,258 96	»	»	»	240 96	1,820 98	2,061 94	240 96	1,460 00	1,860 96
			Régie	»	250		»	»	»	»	»	»	»	51 60	51 60	»	51 60	51 60
		Entre	Entreprise.															
		et	Régie															
		Indemnités de terrains		»	290	300	»	174 00	174 00	»	174 00	174 00	»	174 00	174 00	»	174 00	174 00
		Dommages		»	86	50	»	»	»	»	»	»	»	22 50	22 50	»	22 50	22 50
		Dépenses diverses		»	25	26	»	»	»	»	»	»	»	11 50	11 50	»	11 50	11 50
		Totaux par chemin		720	5,455	7,176	»	1,887 60	1,809 40	»	562 00	562 00	240 96	3,084 70	4,124 66	240 96	3,332 80	3,376 78

TOTAUX ET DES PROPOSITIONS DE PAYEMENT DÉLIVRÉES. Dépenses faites. Nature.	Argent.	TOTAL.	Propositions de payement délivrées. Nature.	Argent.	TOTAL.	Dépenses faites. Nature.	Argent.	TOTAL.	Propositions de payement délivrées. Nature.	Argent.	TOTAL.	Dépenses faites. Nature.	Argent.	TOTAL.	Propositions de payement délivrées. Nature.	Argent.	TOTAL.	Dépenses faites. Nature.	Argent.	TOTAL.	Propositions de payement délivrées. Nature.	Argent.	TOTAL.	OBSERVATIONS.
19	20	21	22	23	24	25	26	27	28	29	30	31	32	33	34	35	36	37	38	39	40	41		42

MINISTÈRE
DE L'INTÉRIEUR.

DÉPARTEMENT
d

ARRONDISSEMENT
d

MODÈLE N° 48 *bis*.

Art. 204
de l'Instruction générale.

Art. 103 du Règlement.

Format : 0m,21 sur 0m,31.

SERVICE VICINAL.

CHEMINS VICINAUX ORDINAIRES.

ÉTAT SOMMAIRE

INDIQUANT

A LA FIN DE CHAQUE

LE MONTANT DES CRÉDITS, DES DÉPENSES FAITES ET DES CERTIFICATS VISÉS.

NOMS des COMMUNES.	CRÉDITS OUVERTS.	DÉPENSES FAITES DU 1er JANVIER A LA FIN DU MOIS D													MONTANT des CERTIFICATS visés.
		ENTRETIEN.				GROSSES RÉPARATIONS.			TRAVAUX NEUFS.			INDEMNITÉS de terrains.	DOMMAGES et dépenses diverses.	TOTAL général.	
		Cantonniers.	Travaux à l'entreprise et en régie.		TOTAL.	Travaux à l'entreprise et en régie.		TOTAL.	Travaux à l'entreprise et en régie.		TOTAL.				
			Nature.	Argent.		Nature.	Argent.		Nature.	Argent.					
1	2	3	4	5	6	7	8	9	10	11	12	13	14	15	16
Réseau *subventionné.*															
Totaux......															

CHAPITRE IV.

COMPTABILITÉ

DE L'AGENT VOYER EN CHEF.

MINISTÈRE
DE L'INTÉRIEUR.

MODÈLE N° 49.

Art. 207
de l'Instruction générale.

Art. 106 du Règlement.

Format : 0m,275 sur 0m,44.

SERVICE VICINAL.

DÉPARTEMENT d

LIVRE DE COMPTABILITÉ

DE L'AGENT VOYER EN CHEF.

M AGENT VOYER EN CHEF.

Ire PARTIE.

CHEMINS VICINAUX DE GRANDE COMMUNICATION.

Modèle n° 49 A.

CHEMINS DE COMMUNICATION.

DÉPENSES.

SITUATION A LA FIN DE CHAQUE MOIS DES DÉPENSES FAITES.

SITUATION A LA FIN DE CHAQUE MOIS DES DÉPENSES FAITES.

NUMÉROS DES CHEMINS.	INDICATION DES TRAVAUX ET DÉPENSES.	CRÉDITS				DÉPENSES FAITES DEPUIS LE 1er JANVIER JUSQU'A LA FIN DU MOIS D																								OBSERVATIONS.
		PRIMITIFS.		DÉFINITIFS.		JANVIER.		FÉVRIER.		MARS.		AVRIL.		MAI.		JUIN.		JUILLET.		AOÛT.		SEPTEMBRE.		OCTOBRE.		NOVEMBRE.		DÉCEMBRE.		
		Nature.	Argent.	Nature.	Argent.	Nature.	Argent.	Nature.	Argent.	Nature.	Argent.	Nature.	Argent.	Nature.	Argent.	Nature.	Argent.	Nature.	Argent.	Nature.	Argent.	Nature.	Argent.	Nature.	Argent.	Nature.	Argent.	Nature.	Argent.	
1	2	3	4	5	6	7	8	9	10	11	12	13	14	15	16	17	18	19	20	21	22	23	24	25	26	27	28	29	30	31
	Entretien................																													
	Grosses réparations........																													
	Travaux neufs............																													
	Indemnités de terrains......																													
	Dommages...............																													
	Dépenses diverses.........																													
	TOTAL par chemin...																													
	Entretien................																													
	Grosses réparations........																													
	Travaux neufs............																													
	Indemnités de terrains......																													
	Dommages...............																													
	Dépenses diverses.........																													
	TOTAL par chemin...																													

MODÈLE N° 49 B.

CHEMINS DE COMMUNICATION.

JOURNAL D'INSCRIPTION

DES ORDONNANCES ET DES CERTIFICATS DÉLIVRÉS.

ORDONNANCES.			
NUMÉROS. 1	DATES. 2	CHAPITRE 3	CHAPITRE 4

JOURNAL D'INSCRIPTION DES ORDONNANCES ET DES CERTIFICATS DÉLIVRÉS.

NUMÉROS des chemins.	NUMÉROS des certificats.	DÉSIGNATION ET NOMS des parties prenantes.	OBJET DES DÉPENSES.	ARRONDISSEMENTS QU'ELLES CONCERNENT.	IMPUTATIONS. SOUS-CHAPITRE V. Article — Crédit de	IMPUTATIONS. SOUS-CHAPITRE V. Article — Crédit de — Contingents communaux.	IMPUTATIONS. SOUS-CHAPITRE VIII. Article — Crédit de	IMPUTATIONS. SOUS-CHAPITRE VIII. Article — Crédit de	IMPUTATIONS. Crédit de	IMPUTATIONS. Crédit de	TOTAL.	PRESTATIONS effectuées en nature.	MANDATS. ARTICLES du budget.	MANDATS. NUMÉROS.	MANDATS. DATES.	DATE de l'envoi des mandats.	OBSERVATIONS et pièces justificatives produites.
1	2	3	4	5	6	7	8	9	10	11	12	13	14	15	16	17	18

Modèle n° 49 C.

CHEMINS DE COMMUNICATION.

ÉTAT,

PAR CHEMIN, DES CERTIFICATS DÉLIVRÉS.

INDICATION DES RESSOURCES.	MONTANT.			
	[illegible]		[illegible]	
	Nature.	Argent.	Nature.	Argent.
Centimes communaux, fonds libres, impositions				
Prestations. en nature				
Prestations. en argent pour [illegible]				
Prestations. en argent pour non-[illegible]				
Souscriptions particulières en nature				
Souscriptions particulières en argent				
Subventions industrielles en nature				
Subventions industrielles en argent				
Subventions départementales				
Subventions de l'État				
Ressources totales				

ÉTAT, PAR CHEMIN, DES CERTIFICATS DÉLIVRÉS
ET DES PRESTATIONS EFFECTUÉES.

CHEMIN DE COMMUNICATION N°

PRODUITS ÉVENTUELS.			
MOIS des recouvrements.	MONTANT des recouvrements.	MOIS des recouvrements.	MONTANT des recouvrements.
Excédent des recouvrements sur les certificats délivrés à l'expiration de l'exercice précédent.		Report	
Janvier		Juillet	
Février		Août	
Mars		Septembre	
Avril		Octobre	
Mai		Novembre	
Juin		Décembre	
A reporter		Total	

NUMÉROS des certificats et des rôles de rôles de prestations	MONTANT DES CERTIFICATS DÉLIVRÉS ET DES PRESTATIONS EFFECTUÉES POUR													IMPUTATIONS.							
	ENTRETIEN.				GROSSES RÉPARATIONS.			TRAVAUX NEUFS.						SOUS-CHAPITRE V.		SOUS-CHAPITRE XVIII.					
	Cantonniers. — Crédit de	Entreprises. — Crédit de	Régie. — Crédit de	TOTAL.	Entreprises. — Crédit de	Régie. — Crédit de	TOTAL.	Entreprises. — Crédit de	Régie. — Crédit de	TOTAL.	Indemnités de terrains. — Crédit de	[illegible] — Crédit de	Dépenses diverses. — Crédit de	Article — Crédit de	Article — Crédit de contingents communaux.	Article — Crédit de	Article — Crédit de	Crédit de	Crédit de	TOTAL.	DÉPENSES effectuées en nature.
1	2	3	4	5	6	7	8	9	10	11	12	13	14	15	16	17	18	19	20	21	22
											Excédant, à l'expiration de l'exercice précédent, des certificats délivrés sur les recouvrements effectués										

Modèle n° 49 D.

ÉTAT

DES DÉPENSES DU PERSONNEL DES AGENTS VOYERS.

Année 187 .

Crédit de

CHAPITRE

DÉPENSES DU PERSONNEL DES AGENTS VOYERS.

MOIS.	DATES des certificats.	M.			M.			M.			M.			M.			M.			M.			M.			M.			MONTANT de chaque certificat.		TOTALISATION successive de chaque certificat.	OBSERVATIONS.
		Appointements.	Retenue pour la caisse des pensions.	Gratifications, indemnités, déboursés, déplacements.	Appointements.	Retenue pour la caisse des pensions.	Gratifications, indemnités, déboursés, déplacements.	Appointements.	Retenue pour la caisse des pensions.	Gratifications, indemnités, déboursés, déplacements.	Appointements.	Retenue pour la caisse des pensions.	Gratifications, indemnités, déboursés, déplacements.	Appointements.	Retenue pour la caisse des pensions.	Gratifications, indemnités, déboursés, déplacements.	Appointements.	Retenue pour la caisse des pensions.	Gratifications, indemnités, déboursés, déplacements.	Appointements.	Retenue pour la caisse des pensions.	Gratifications, indemnités, déboursés, déplacements.	Appointements.	Retenue pour la caisse des pensions.	Gratifications, indemnités, déboursés, déplacements.	Appointements.	Retenue pour la caisse des pensions.	Gratifications, indemnités, déboursés, déplacements.	Appointements, retenues pour pensions comprises.	Pour gratifications, indemnités, déboursés, déplacements.		
1	2	3	4	5	6	7	8	9	10	11	12	13	14	15	16	17	18	19	20	21	22	23	24	25	26	27	28	29	30	31	32	33
Janvier........																																
Février........																																
Mars........																																
Avril........																																
Mai........																																
Juin........																																
Juillet........																																
Août........																																
Septembre......																																
Octobre........																																
Novembre......																																
Décembre......																																
Totaux..........																																

Modèle n° 50.

Art. 208 de l'Instruction générale.

Art. 107 du Règlement.

(Format : $0^m,25$ sur $0^m,33$.)

CHEMINS DE COMMUNICATION.

REGISTRE DES COMPTES OUVERTS

AUX DÉPENSES FAITES PAR VOIE D'ENTREPRISE.

CHEMIN DE

RÉSEAU (1)

ENTRE

Le sieur , ENTREPRENEUR.

DATE							OBSERVATIONS.
de L'APPROBATION du projet.	de L'ADJUDICATION.	de L'APPROBATION de l'adjudication.	DES RÉCEPTIONS provisoire.	DES RÉCEPTIONS définitive.	du DÉCOMPTE définitif.	de L'APPROBATION du décompte définitif.	On indiquera, s'il y a lieu, dans cette colonne, les décisions qui ont modifié le projet en cours d'exécution.
1	2	3	4	5	6	7	8

MONTANT											OBSERVATIONS.
du PROJET approuvé.	DU RABAIS		DE L'ADJUDICATION.			des CHANGEMENTS AUTORISÉS en cours d'exécution.		DES TOTAUX MODIFIÉS.			
	par franc.	TOTAL.	Travaux autorisés.	Sommes à valoir.	TOTAL.	Augmentations.	Diminutions.	Travaux autorisés.	Sommes à valoir.	TOTAL.	
1	2	3	4	5	6	7	8	9	10	11	12
											Le délai de garantie est de La retenue de garantie est fixée à Le certificat pour remboursement de cautionnement a été délivré le

CRÉDITS OUVERTS, DÉPENSES FAITES ET CERTIFICATS DÉLIVRÉS PAR EXERCICE.

EXERCICES.	CRÉDITS OUVERTS.			DÉPENSES FAITES.			CERTIFICATS DÉLIVRÉS.			OBSERVATIONS.
	NATURE.	ARGENT.	TOTAL.	NATURE.	ARGENT.	TOTAL.	NATURE.	ARGENT.	TOTAL.	
1	2	3	4	5	6	7	8	9	10	11
Exercice 187 .										
Exercice 187 .										
Exercice 187 .										
Exercice 187 .										

(1) Subventionné ou non subventionné.

COMMUNICATION N°

—

ET

CERTIFICATS DELIVRÉS ET PRESTATIONS REMISES.

DATES DES DÉCOMPTES.	MONTANT des DÉCOMPTES.	NUMÉROS des à-compte.	CERTIFICATS de PAYEMENT DÉLIVRÉS.		TRAVAUX A L'ENTREPRISE — MONTANT DES À-COMPTE.			TRAVAUX PAR RÉGIE. — MONTANT.		NUMÉROS des mandats.	DATES DES MANDATS.	OBSERVATIONS.
			Numéros.	Date.	Argent.	Nature.	TOTAUX cumulés.	de chaque certificat.	Cumulé.			
1	2	3	4	5	6	7	8	9	10	11	12	13

MINISTÈRE
DE L'INTÉRIEUR.

DÉPARTEMENT
d

CHAPITRE

SOUS-CHAPITRE

Article

CRÉDIT DE

e À-COMPTE

SOMME À PAYER :

SERVICE VICINAL.

MODÈLE N° 51.

Art. 209
de l'Instruction générale.

Art. 108 du Règlement.

(Format : 0m,17 sur 0m,25.)

EXERCICE 187 .

Numéro d'ordre
du journal des certificats

N° du mandat.

CERTIFICAT POUR PAYEMENT.

CHEMIN DE COMMUNICATION N° .

RÉSEAU (1)

(2)

TRAVAUX

du

approuvé le

et montant à (rabais de p. o/o déduit).....

A-COMPTE DÉLIVRÉS SUR LES FONDS DE TOUTE NATURE des exercices antérieurs et de l'exercice courant.			
Exercices.	Nature.	Argent.	Total.
TOTAL........			
Montant du présent certificat....			
L'entrepreneur aura reçu.......			
Les dépenses s'élèvent à.......			
Partant, il sera en avance pour garantie de son marché de....			

Le Sieur , entrepreneur,
demeurant à

L'Agent voyer en chef du département, soussigné,

Vu la proposition de M. l'agent voyer de l'arrondissement d , en date du 187 , de laquelle il résulte que les ouvrages exécutés et les dépenses faites en vertu de l'adjudication susvisée s'élèvent, déduction faite du rabais, à la somme de..............................

A déduire :

1/10 pour retenue de garantie........

1/100 sur le tout pour fonds de secours aux ouvriers, en cas d'accidents........

RESTE.................

L'entrepreneur ayant reçu à-compte, sur cet exercice ou les exercices antérieurs, suivant le détail ci-contre : en nature. en argent.

IL RESTE DÛ............

Vu par le Préfet :

CERTIFIE qu'il peut être payé au sieur , sur le chapitre du budget de l'exercice 187 , la somme de

A , le 187 .

L'Agent voyer en chef du département,

(1) Subventionné ou non subventionné.
(2) Désignation des travaux.

MINISTÈRE
DE L'INTÉRIEUR.

DÉPARTEMENT
d

CHAPITRE

SOUS-CHAPITRE

ARTICLE

SOMME A PAYER :

MODÈLE N° 52.

Art. 209
de l'Instruction générale.

Art. 108 du Règlement.

(Format : $0^m,17$ sur $0^m,25$.)

EXERCICE 187 .

NUMÉRO D'ORDRE
du journal des certificats :

N° du mandat.

SERVICE VICINAL.

INDEMNITÉS DE TERRAINS.

CERTIFICAT POUR PAYEMENT.

CHEMIN DE COMMUNICATION N°

RÉSEAU (1)

L'Agent voyer (2)
soussigné,

Vu l'acte de vente passé le entre M. le maire de la commune d , autorisé à cet effet par M. le Préfet, et M.
propriétaire de terrains ou bâtiments situés commune d , dont la cession a été reconnue nécessaire pour l'ouverture du chemin susdésigné, moyennant la somme de avec intérêts à raison de p. o/o l'an;

Vu , en date du , qui a approuvé le règlement de cette indemnité;

Vu le décompte ci-après :

Principal de l'indemnité.........................
Intérêts dû ci.

CERTIFIE qu'il peut être payé à M.
sur le montant des crédits ouverts au chapitre du budget de l'exercice, la somme de

Fait à , le 187 .

Vu et vérifié par l'Agent voyer d'arrondissement (3) :

L'Agent voyer (2)

VU PAR LE (4) :

(1) Réseau subventionné ou non subventionné.
(2) *Cantonal*, pour les chemins vicinaux ordinaires; *en chef*, pour les chemins de grande communication et d'intérêt commun.
(3) Pour les chemins vicinaux ordinaires.
(4) *Le Préfet*, pour les chemins de grande communication et d'intérêt commun; ou *le Maire*, pour les chemins vicinaux ordinaires.

MINISTÈRE
DE L'INTÉRIEUR.

DÉPARTEMENT
d

CHAPITRE

Sous-chapitre

Article

Somme à payer :

SERVICE VICINAL.

TRAITEMENT DES AGENTS VOYERS.

CERTIFICAT POUR PAYEMENT.

MODÈLE N° 53.

Art. 209 de l'Instruction générale.

Art. 108 du Règlement.

(Format : 0m,21 sur 0m,31.)

EXERCICE 187 .

NUMÉRO D'ORDRE du journal des certificats :

L'Agent voyer en chef soussigné,

Vu l'état ci-après des sommes dues aux agents voyers pour leur traitement pendant le mois d

NOMS ET PRÉNOMS.	GRADES et CLASSES.	MONTANT du TRAITEMENT annuel.	MONTANT du TRAITEMENT mensuel.	MONTANT DE LA RETENUE du 1er mois de traitement ou d'augmentation.	MONTANT DE LA RETENUE de p. o/o.	MONTANT TOTAL de la retenue.	MONTANT net à payer.	LIEU DE PAYEMENT.
1	2	3	4	5	6	7	8	9
A reporter...								

NOMS ET PRÉNOMS. 1	GRADES et CLASSES. 2	MONTANT du TRAITEMENT annuel. 3	MONTANT du TRAITEMENT mensuel, 4	MONTANT DE LA RETENUE du 1er mois de traitement ou d'augmentation. 5	MONTANT DE LA RETENUE de p. o/o. 6	MONTANT TOTAL de la retenue. 7	MONTANT du net À PAYER. 8	LIEU DE PAYEMENT. 9
Report......	....							
Totaux...	....							

Certifié qu'il peut être payé, sur le montant des crédits ouverts au chapitre du budget de l'exercice 187 , la somme totale de dont aux agents dénommés ci-dessus et pour être versés à la caisse d

A , le 187 ,

Vu par le Préfet :

MINISTÈRE
DE L'INTÉRIEUR.

DÉPARTEMENT
d

CHAPITRE

SOUS-CHAPITRE

Article

SOMME A PAYER:

SERVICE VICINAL.

INDEMNITÉS DIVERSES
ACCORDÉES AU PERSONNEL.

MODÈLE N° 53 *bis*.

Art. 209
de l'instruction générale.

Art. 108 du Règlement.

(Format : $0^m,21$ sur $0^m,31$.)

EXERCICE 187 .

NUMÉRO D'ORDRE
du journal des certificats.

L'Agent voyer en chef du département d
soussigné,

Vu l'état ci-après des sommes dues aux agents voyers pour

NOMS des agents voyers.	GRADES et classes.	RÉSIDENCES.	MONTANT des alloué pour l'année.	à payer pour le (1)	RAPPEL des sommes payées depuis le commencement de l'année.	TOTAL par agent des sommes portées colonnes 5 et 6.	OBSERVATIONS.
1	2	3	4	5	6	7	8
		Totaux..............					

CERTIFIE qu'il peut être payé aux agents dénommés ci-dessus, sur le montant des crédits ouverts au chapitre du budget de l'exercice 187 , la somme totale de

A , le 187 .

VU PAR LE PRÉFET :

(1) Mois *ou* trimestre.

MINISTÈRE
DE L'INTÉRIEUR.

DÉPARTEMENT
d

CHAPITRE

SOUS-CHAPITRE

Article

SOMME A PAYER :

SERVICE VICINAL.

CERTIFICAT POUR PAYEMENT.

RÉSEAU (1)

(2)

MODÈLE N° 54.

Art. 209
de l'Instruction générale.

Art. 108 du Règlement

(Format : 0m,17 sur 0m,25.)

EXERCICE 187 .

NUMÉRO D'ORDRE
du journal des certificats :

N° du mandat.

L'Agent voyer

Vu

Certifie qu'il peut être payé au sieur , sur le chapitre du budget de l'exercice 187 , la somme de

A , le 187 .

L'Agent voyer

Vu :

(3)

(1) Subventionné ou non subventionné.

(2) Indiquer l'objet du payement.

(3) Le préfet, pour les chemins de grande communication et d'intérêt commun; le maire, pour les chemins vicinaux ordinaires.

MINISTÈRE
DE L'INTÉRIEUR.

DÉPARTEMENT
d

Modèle n° 55.

Art. 209
de l'Instruction générale.

Art. 108 du Règlement.

(Format : $0^m,21$ sur $0^m,31$.)

SERVICE VICINAL.

Bordereau des certificats adressés à M. le Préfet.

INDICATION DES CHEMINS. 1	NATURE DES DÉPENSES. 2	CERTIFICATS. NUMÉROS. 3	CERTIFICATS. MONTANT. 4	DÉSIGNATION DES PIÈCES JOINTES. 5	OBSERVATIONS. 6

Dressé par l'Agent voyer en chef soussigné.

A , le 187 .

Reçu le

Le Préfet,

MINISTÈRE
DE L'INTÉRIEUR.

MODÈLE N° 56.

Art. 210
de l'Instruction générale.

Art. 109 du Règlement.

(Format : 0m,21 sur 0m,31.)

Pièce à l'appui du compte ou gestion du trésorier payeur pour l'année 18 .

SERVICE VICINAL.

DÉPARTEMENT d

CHEMINS DE COMMUNICATION.

TABLEAU SOMMAIRE

Des certificats de payement expédiés et des mandats délivrés, pendant l'année ou gestion de 18 sur les exercices 18 et 18 , pour les entreprises exécutées ou à exécuter en plusieurs années.

NOTA. On doit porter pour ordre, sur ce tableau, les entreprises non liquidées qui n'ont donné lieu, pendant le courant de l'année, à la délivrance d'aucun certificat de payement.

Ce tableau doit être remis au trésorier payeur général en double expédition, avant le 1er mars.

Numéros des chemins.	Dates des adjudications, soumissions, marchés, etc.	Nature des dépenses.	Montant de l'adjudication (rabais déduit et non compris la somme à valoir) ou du décompte approuvé.	Noms des parties prenantes.	Détail (certificat par certificat) des certificats délivrés pendant l'année 18 . Numéros des certificats.	Détail — sur l'exercice 18 . Fonds	Détail — sur l'exercice 18 . Fonds	Détail — sur l'exercice 18 . Fonds	Détail — sur l'exercice 18 . Fonds	Montant en une seule somme, par entreprise, des certificats expédiés pendant l'année de gestion de 18 sur les exercices 18 et 18 .	Montant en une seule somme, par entreprise, des certificats expédiés pendant les années ou gestions antérieures à 18 .	Total général en une seule somme, par entreprise, des certificats expédiés jusques et y compris le 31 décembre 18 .	Indication de la dépense au 31 décembre pour les entreprises continuées par voie de régie au compte de l'entrepreneur. A-compte à l'entrepreneur.	Indication de la dépense au 31 décembre pour les entreprises continuées par voie de régie au compte de l'entrepreneur. Avances au régisseur.	Indication en une seule somme, par entreprise, de la dépense faite au 31 décembre 18 pour les entreprises non terminées et pour lesquelles il n'existe pas encore de procès-verbaux de réception.	Indication en une seule somme, par entreprise, de la dépense faite au 31 décembre 18 pour entreprises terminées ayant donné lieu à des procès-verbaux de réception.	Mention des numéros et dates des mandats correspondant à chacun des certificats ci-contre. Numéros.	Mention des numéros et dates des mandats correspondant à chacun des certificats ci-contre. Dates.	Mention par le trésorier payeur général des sommes non payées à l'époque du 31 décembre 18 .	Observations.
1	2	3	4	5	6	7	8	9	10	11	12	13	14	15	16	17	18	19	20	21

FAIT et PRÉSENTÉ par le soussigné, Agent voyer en chef du département d
en ce qui concerne la situation des entreprises et des certificats de payement.

A , le 187 .

VU et ARRÊTÉ par moi, Préfet du département d en ce qui concerne la concordance des mandats énoncés d'autre part avec ceux compris aux relevés qui m'ont été fournis par l'agent voyer en chef.

A , le 187 .

Le trésorier payeur général du département d soussigné, certifie que le tableau d'autre part, dont il a pris connaissance, a été complété par lui, sur la colonne réservée à cet effet.

A , le 187 .

MINISTÈRE
DE L'INTÉRIEUR.

DÉPARTEMENT
d

Modèle n° 57.

Art. 210
de l'Instruction générale.

Art. 109 du Règlement.

(Format : 0m,21 sur 0m,31.)

SERVICE VICINAL.

CHEMINS DE COMMUNICATION.

RÉSEAU (1)

ÉTAT COMPARATIF
A LA FIN DE L'EXERCICE,
DES CRÉDITS OUVERTS,
DES RECOUVREMENTS EFFECTUÉS ET DES CERTIFICATS DE PAYEMENT DÉLIVRÉS.

Fait et dressé par nous, Agent voyer en chef de

A , le 187 .

(1) Subventionné ou non subventionné.

NUMÉROS DES CHEMINS.	CONTINGENTS, OFFRES ET SOUSCRIPTIONS. RESTANT, à l'expiration de l'exercice précédent,		EXERCICE 18 .				RESTANT DÉFINITIF, à la clôture de l'exercice.	
	des recouvrements sur les certificats de payement.	des certificats de payement sur les recouvrements.	Sommes recouvrées.	Certificats délivrés.	Excédant des recouvrements sur les certificats.	Excédant des certificats sur les recouvrements.	des recouvrements sur les certificats.	des certificats sur les recouvrements.
1	2	3	4	5	6	7	8	9

FONDS DÉPARTEMENTAUX ET DE L'ÉTAT. SOUS-CHAPITRE V. Montant		Reste disponible		SOUS-CHAPITRE Montant		Reste disponible		Montant		Reste disponible	
des crédits.	des certificats délivrés.	à reporter.	à annuler.	des crédits.	des certificats délivrés.	à reporter.	à annuler.	des crédits.	des certificats délivrés.	à reporter.	à annuler.
10	11	12	13	14	15	16	17	18	19	20	21

MINISTÈRE
DE L'INTÉRIEUR.

DÉPARTEMENT
d

EXERCICE 187 .

SERVICE VICINAL.

MODÈLE N° 58.

Art. 210
de l'Instruction générale.

Art. 109 du Règlement.

(Format : $0^m,21$ sur $0^m,31$.)

ÉTAT des dépenses, dont l'agent voyer en chef rend personnellement compte, faites pendant l'exercice 187 .

NATURE DES DÉPENSES. 1	CRÉDITS. 2	DÉPENSES FAITES. 3	RESTE. 4	INDICATION DES PIÈCES JUSTIFICATIVES déjà produites et des approbations obtenues. 5	OBSERVATIONS. 6

Dressé et certifié par l'Agent voyer en chef.

A , le

MINISTÈRE
DE L'INTÉRIEUR.

DÉPARTEMENT
d

—

M.
agent voyer en chef,

MODÈLE N° 59.

Art. 210
de l'Instruction générale.

Art. 109 du Règlement.

(Format : 0m,21 sur 0m,31.)

SERVICE VICINAL.

COMPTE RENDU ANNUEL.

TABLEAU N° 1.

ÉTAT

DES RESSOURCES APPLICABLES A L'EXERCICE 18 .

RESSOURCES.

DÉSIGNATION DES RESSOURCES.	GRANDE COMMUNICATION.			INTÉRÊT COMMUN.			ORDINAIRES.			TOTAL GÉNÉRAL.	OBSERVATIONS.
	RÉSEAU subventionné.	RÉSEAU non subventionné.	TOTAL.	RÉSEAU subventionné.	RÉSEAU non subventionné.	TOTAL.	RÉSEAU subventionné.	RÉSEAU non subventionné.	TOTAL.		
1	2	3	4	5	6	7	8	9	10	11	12
Excédant à la clôture de l'exercice précédent des ressources définitives réalisées ou non sur les dépenses : faites											
payées											
dépenses faites sur les ressources définitives											
dépenses payées sur les ressources définitives											
Ressources communales — ordinaires : Revenus et produits divers ordinaires											
Prestations (loi du 21 mai 1836, art. 3) : acquittées en nature											
exigibles en argent											
Centimes spéciaux ordinaires (loi du 21 mai 1836, art. 2 et 13)											
extraordinaires : Centimes spéciaux extraordinaires (loi du 24 juillet 1867, art. 3)											
4e journée de prestations (loi du 11 juillet 1868, art. 3) : acquittées en nature											
exigibles en argent											
Impositions extraordinaires											
Emprunts : à la caisse des chemins vicinaux											
à d'autres caisses											
Coupes de bois, cession et vente de terrains, produits divers extraordinaires											
TOTAL des ressources communales											
Ressources provenant des particuliers — Subventions industrielles (loi du 21 mai 1836, art. 14) : acquittées en nature											
exigibles en argent											
Offres particulières : Nature : Terrains											
Travaux, journées et matériaux											
Argent											
TOTAL des ressources provenant de particuliers											
Subvention sur fonds départementaux et de l'État — Fonds départementaux : Centimes spéciaux et facultatifs											
Centimes extraordinaires, emprunts et ressources diverses											
Fonds de l'État : Loi du 11 juillet 1868											
Autres fonds											
TOTAL des ressources de l'exercice 18											
A déduire : les dégrèvements, cotes irrecouvrables et les non-valeurs accordés sur l'exercice											
Ressources définitives comparées aux dépenses : faites											
payées											

MINISTÈRE
DE L'INTÉRIEUR.

DÉPARTEMENT
d

—

M.
agent voyer en chef.

MODÈLE N° 60.

Art. 210
de l'Instruction générale.

Art. 109 du Règlement.

(Format : $0^m,21$ sur $0^m,31$.)

SERVICE VICINAL.

COMPTE RENDU ANNUEL.

TABLEAU N° 2.

ÉTAT

DES DÉPENSES DE L'EXERCICE 18 .

DÉPENSES.

DÉSIGNATION DES DÉPENSES.	GRANDE COMMUNICATION.			INTÉRÊT COMMUN.			ORDINAIRES.			TOTAL GÉNÉRAL.	OBSERVATIONS.
	RÉSEAU subventionné.	RÉSEAU non subventionné.	TOTAL.	RÉSEAU subventionné.	RÉSEAU non subventionné.	TOTAL.	RÉSEAU subventionné.	RÉSEAU non subventionné.	TOTAL.		
1	2	3	4	5	6	7	8	9	10	11	12
Dépenses faites, payées ou non payées. — Entretien — Nature											
Dépenses faites, payées ou non payées. — Entretien — Argent — Cantonniers											
Dépenses faites, payées ou non payées. — Entretien — Argent — Autres dépenses											
TOTAL											
Dépenses faites, payées ou non payées. — Grosses réparations — Nature											
Dépenses faites, payées ou non payées. — Grosses réparations — Argent											
TOTAL											
Dépenses faites, payées ou non payées. — Constructions — Nature											
Dépenses faites, payées ou non payées. — Constructions — Argent											
TOTAL											
Dépenses faites, payées ou non payées. — Terrains — cédés gratuitement											
Dépenses faites, payées ou non payées. — Terrains — occupés à titre onéreux											
TOTAL											
Dépenses faites, payées ou non payées. — Dommages et dépenses diverses											
Dépenses faites, payées ou non payées. — Frais généraux, personnel, remises aux comptables											
Dépenses faites, payées ou non payées. — Remboursement d'emprunts, intérêts											
TOTAL des dépenses faites											
Montant des dépenses payées, prestations et souscriptions comprises											
Rappel des ressources définitives comparées aux dépenses — faites											
Rappel des ressources définitives comparées aux dépenses — payées											
Excédant, à la clôture de l'exercice, — des ressources définitives réalisées ou non sur les dépenses — faites											
Excédant, à la clôture de l'exercice, — des ressources définitives réalisées ou non sur les dépenses — payées — en caisse											
Excédant, à la clôture de l'exercice, — des ressources définitives réalisées ou non sur les dépenses — payées — à recouvrer											
TOTAL											
Excédant, à la clôture de l'exercice, — des dépenses — faites sur les ressources définitives											
Excédant, à la clôture de l'exercice, — des dépenses — payées sur les ressources définitives											

DÉTAIL DES FRAIS GÉNÉRAUX.

Frais de rôle et de perception, remises		
Concours dans le traitement des agents voyers		
Indemités diverses accordées au personnel		
Acquisition et entretien du matériel		
Frais de bureau et d'impressions		
—— de timbre des mandats		
Secours aux anciens agents, aux veuves, aux caisses de retraite		
Salaires des chefs d'ateliers, agents auxiliaires, etc., etc.; frais d'études		
Divers		
TOTAL		

MINISTÈRE
DE L'INTÉRIEUR.

DÉPARTEMENT
d

—

M.
Agent voyer en chef.

MODÈLE N° 61.

Art. 210
de l'Instruction générale.

Art. 109 du Règlement.

(Format : 0m,21 sur 0m,31)

SERVICE VICINAL.

COMPTE RENDU ANNUEL.

TABLEAU N° 3.

ÉTAT D'AVANCEMENT AU 31 DÉCEMBRE 18 .

ÉTAT D'AVANCEMENT AU 31 DÉCEMBRE 18 .

SITUATION.	GRANDE COMMUNICATION.			INTÉRÊT COMMUN.			CHEMINS VICINAUX ORDINAIRES.				TOTAL GÉNÉRAL.	OBSERVATIONS.
							RÉSEAU SUBVENTIONNÉ.					
	RÉSEAU subventionné.	RÉSEAU non subventionné.	TOTAL.	RÉSEAU subventionné.	RÉSEAU non subventionné.	TOTAL.	Chemins à l'état d'entretien au 31 décembre 186[illegible] qui peuvent participer aux ressources de ce réseau.	En exécution de l'arrêté ministériel du 8 décembre 186[illegible].	RÉSEAU non subventionné.	TOTAL.		
1	2	3	4	5	6	7	8	9	10	11	12	13
Situation au 31 décembre 18 . — Longueurs — à l'état d'entretien												
à l'état de viabilité												
TOTAL à entretenir												
en construction												
en lacune												
TOTAL à construire et à entretenir												
Modifications apportées au réseau en 18 . — Augmentations — à l'état d'entretien												
à l'état de viabilité												
en construction												
en lacune												
Diminutions — à l'état d'entretien												
à l'état de viabilité												
en construction												
en lacune												
Travaux effectués en 18 . — Longueurs amenées à l'état d'entretien — des parties à l'état de viabilité												
des parties en construction												
des parties en lacune												
TOTAL												
Longueurs amenées à l'état de viabilité — des parties en construction												
des parties en lacune												
TOTAL												
Longueur des constructions en cours d'exécution												
Situation au 31 décembre 18 . — Longueurs — à l'état d'entretien												
à l'état de viabilité												
TOTAL à entretenir												
en construction												
en lacune												
TOTAL à construire et à entretenir												

MINISTÈRE
DE L'INTÉRIEUR.

DÉPARTEMENT
d

M.
Agent voyer en chef.

Modèle n° 62.

Art. 210
de l'Instruction générale.

Art. 109 du Règlement.

(Format : $0^m,21$ sur $0^m,31$.)

SERVICE VICINAL.

COMPTE RENDU ANNUEL.

TABLEAU N° 4.

RENSEIGNEMENTS STATISTIQUES

ET SITUATION FINANCIÈRE.

RENSEIGNEMENTS STATISTIQUES ET SITUATION FINANCIÈRE.

DÉSIGNATION DES RESSOURCES.	GRANDE COMMUNICATION.			INTÉRÊT COMMUN.			ORDINAIRES.			TOTAL GÉNÉRAL.	OBSERVATIONS.
	RÉSEAU subventionné.	RÉSEAU non subventionné.	TOTAL.	RÉSEAU subventionné.	RÉSEAU non subventionné.	TOTAL.	RÉSEAU subventionné.	RÉSEAU non subventionné.	TOTAL.		
1	2	3	4	5	6	7	8	9	10	11	12
Renseignements statistiques. — Cantonniers. — Nombre											
Renseignements statistiques. — Cantonniers. — Dépense pour salaire pendant l'année											
TOTAUX											
Renseignements statistiques. — Prix de revient par mètre courant. — Pour entretien pendant l'année											
Renseignements statistiques. — Prix de revient par mètre courant. — Pour constructions terminées depuis le 31 décembre 1867. — Travaux											
Renseignements statistiques. — Prix de revient par mètre courant. — Pour constructions terminées depuis le 31 décembre 1867. — Indemnités de terrains et dommages											
TOTAL pour constructions											
Renseignements statistiques. — Ouvrages d'art. — Nombre d'aqueducs et ponceaux au-dessous de 5 mètres construits — au 31 décembre 1867											
Renseignements statistiques. — Ouvrages d'art. — Nombre d'aqueducs et ponceaux au-dessous de 5 mètres construits — du 31 décembre 1867 au 31 décembre 18											
Renseignements statistiques. — Ouvrages d'art. — Nombre d'aqueducs et ponceaux au-dessous de 5 mètres construits — en 18											
TOTAL											
Renseignements statistiques. — Ouvrages d'art. — Nombre de ponts de 5 mètres à 15 mètres d'ouverture construits — au 31 décembre 1867											
Renseignements statistiques. — Ouvrages d'art. — Nombre de ponts de 5 mètres à 15 mètres d'ouverture construits — du 31 décembre 1867 au 31 décembre 18											
Renseignements statistiques. — Ouvrages d'art. — Nombre de ponts de 5 mètres à 15 mètres d'ouverture construits — en 18											
TOTAL											
Renseignements statistiques. — Ouvrages d'art. — Nombre de ponts au-dessus de 15 mètres construits — au 31 décembre 1867											
Renseignements statistiques. — Ouvrages d'art. — Nombre de ponts au-dessus de 15 mètres construits — du 31 décembre 1867 au 31 décembre 18											
Renseignements statistiques. — Ouvrages d'art. — Nombre de ponts au-dessus de 15 mètres construits — en 18											
TOTAL											
Situation financière du réseau subventionné. — Dépenses pour entretien — du 31 décembre 1868 au 31 décembre 18											
Situation financière du réseau subventionné. — Dépenses pour entretien — effectuées en 18											
Situation financière du réseau subventionné. — Dépenses pour entretien — à faire jusqu'au 31 décembre 1878, tant sur les parties construites que sur celles à construire											
Situation financière du réseau subventionné. — Dépenses pour construction — antérieures au 31 décembre 18											
Situation financière du réseau subventionné. — Dépenses pour construction — effectuées en 18											
Situation financière du réseau subventionné. — Dépenses pour construction — à faire pour arriver à l'état d'entretien											
Situation financière du réseau subventionné. — TOTAL des dépenses faites et à faire pour construction et entretien du réseau jusqu'au 31 décembre 1878											
Situation financière du réseau subventionné. — Dépenses prévues. (Circulaire du 6 avril 1869.)											
Situation financière du réseau subventionné. — DIFFÉRENCES — en plus ou déficit											
Situation financière du réseau subventionné. — DIFFÉRENCES — en moins ou réduction											

CHAPITRE V.

COMPTABILITÉ DU MAIRE.

DÉPARTEMENT
d

ARRONDISSEMENT
d

CANTON
d

MODÈLE N° 63.

Art. 218
de l'Instruction générale.

Art. 117 du Règlement.

SERVICE VICINAL.

COMMUNE d

JOURNAL

DES MANDATS ÉMIS POUR LE SERVICE DES CHEMINS VICINAUX,

DU 1ER JANVIER 18 AU 31 MARS 18 ,

SUR L'EXERCICE 18 .

ENREGISTREMENT DES MANDATS.

NUMÉROS d'ordre.	ARTICLES des budgets.	DATE de la délivrance des mandats.	DÉSIGNATION des parties prenantes.	OBJET de la dette.	MONTANT des mandats.		OBSERVATIONS.
1	2	3	4	5	6		7

DÉPARTEMENT
d

ARRONDISSEMENT
d

CANTON
d

MODÈLE N° 64.

Art. 219
de l'Instruction générale.

Art. 118 du Règlement.

SERVICE VICINAL.

COMMUNE d

LIVRE DE DÉTAIL SPÉCIAL

DES MANDATS ÉMIS POUR LE SERVICE DES CHEMINS VICINAUX,

DU 1ER JANVIER 18   AU 31 MARS 18   ,

SUR L'EXERCICE 18   .

(1) Désignation du crédit.

Article du budget (1)

CRÉDITS.

Désignation des titres qui ont ouvert les crédits.	Date des titres.	Montant des crédits.	Répartition des crédits entre les différents chemins. Chemins de grande communication. N°	N°	N°	Chemins d'intérêt commun. N°	N°	Chemins vicinaux ordinaires. Réseau subventionné.	Réseau non subventionné.	Observations.
1	2	3	4	5	6	7	8	9	10	11
Budget primitif..............										
Budget supplémentaire.........										
Autorisation préfectorale........										
Totaux........	....									

MANDATS DÉLIVRÉS.

Numéro du journal.	Date de la délivrance des mandats.	Désignation des parties prenantes.	Objet de la dépense.	Montant des mandats émis.	Répartition de la dépense entre les divers chemins auxquels elle s'applique. Chemins de grande communication. N°	N°	N°	Chemins d'intérêt commun. N°	N°	Chemins vicinaux ordinaires. Réseau subventionné.	Réseau non subventionné.	Observations.
1	2	3	4	5	6	7	8	9	10	11	12	13

(1) Désignation du crédit.

Article du budget (1)

CRÉDITS.

DÉSIGNATION DES TITRES qui ont ouvert les crédits.	DATE des titres.	MONTANT des crédits.	RÉPARTITION DES CRÉDITS entre les différents chemins.							OBSERVATIONS.
			Chemins de grande communication.			Chemins d'intérêt commun.		Chemins vicinaux ordinaires.		
			N° .	N° .	N° .	N° .	N° .	Réseau subventionné.	Réseau non subventionné.	
1	2	3	4	5	6	7	8	9	10	11
Budget primitif..............										
Budget supplémentaire.........										
Autorisation préfectorale........										
Totaux........	....									

MANDATS DÉLIVRÉS.

NUMÉRO du journal.	DATE de la délivrance des mandats.	DÉSIGNATION des parties prenantes.	OBJET de la dépense.	MONTANT des mandats émis.	RÉPARTITION DE LA DÉPENSE entre les divers chemins auxquels elle s'applique.							OBSERVATIONS.
					Chemins de grande communication.			Chemins d'intérêt commun.		Chemins vicinaux ordinaires.		
					N° .	N° .	N° .	N° .	N° .	Réseau subventionné.	Réseau non subventionné.	
1	2	3	4	5	6	7	8	9	10	11	12	13

RÉCAPITULATION.

ARTICLES des budgets.	DÉSIGNATION DES CRÉDITS ouverts.	MONTANT TOTAL des crédits ouverts.	MONTANT des MANDATS délivrés.	RÉPARTITION ENTRE LES DIFFÉRENTS CHEMINS des sommes portées colonne 4.							RESTE À PAYER à reporter à l'exercice suivant.	CRÉDITS ANNULÉS faute d'emploi.	OBSERVATIONS.
				Chemins de grande communication.			Chemins d'intérêt commun.		Chemins vicinaux ordinaires.				
				N°	N°	N°	N°	N°	Réseau subventionné.	Réseau non subventionné.			
1	2	3	4	5	6	7	8	9	10	11	12	13	14

CHAPITRE VI.

COMPTABILITÉ DU RECEVEUR MUNICIPAL.

DÉPARTEMENT
d

ARRONDISSEMENT
d

CANTON
d

SERVICE VICINAL.

COMMUNE d

MODÈLE N° 65.

Art. 226
de l'Instruction générale.

Art. 125
du Règlement.

État des Recouvrements effectués du 1er janvier au sur les produits affectés aux chemins vicinaux, pendant l'exercice 18 .

ARTICLE du BUDGET. 1	DÉSIGNATION DES PRODUITS. 2	MONTANT des TITRES. 3		RECOUVREMENTS EFFECTUÉS AU 4		OBSERVATIONS. 5
		fr.	c.	fr.	c.	
	1° PRODUITS PROPRES À L'EXERCICE.					
	2° PRODUITS PROVENANT DES EXERCICES ANTÉRIEURS.					
	TOTAUX............					
	RESTE en caisse à la clôture de l'exercice précédent.........					
	TOTAUX............					

Certifié conforme à mes écritures.

A , le 18 .

Le Receveur municipal,

DÉPARTEMENT
d

ARRONDISSEMENT
d

MODÈLE N° 66.

Art. 232
de l'Instruction générale.

Art. 131
du Règlement.

COMMUNE d

M. , RECEVEUR MUNICIPAL.

EXERCICE 18 .

LIVRE DE DÉTAIL SPÉCIAL

DES RECETTES ET DÉPENSES POUR LES CHEMINS VICINAUX.

RECETTE.

(1) Désignation des produits.

(1) *Rôle de prestations.*

DATES de la réception des titres et du recouvrement des ressources.	INDICATION des titres de recette et des parties.	MONTANT des titres et des recouvrements.		RÉPARTITION DES RESSOURCES ENTRE LES DIVERS CHEMINS auxquels elles sont applicables.														OBSERVATIONS.
				Chemins de grande communication.						Chemins d'intérêt commun.				Chemins vicinaux ordinaires (2)				
				N° 3.		N° 5.		N° .		N° 8.		N° .		Réseau subventionné.		Réseau non subventionné.		
1	2	3		4		5		6		7		8		9		10		11
		fr.	c.	fr.	c.	fr.	c.	fr.	c.	fr.	c.	fr.	c.	fr.	c.	fr.	c.	
25 oct. 1870.	*Rôle primitif*...........	1,800	"	500	"	700	"			300	"			300	"			
8 mars 1871.	*Rôle supplémentaire*......	75	"	50	"	"	"			12	"			13	"			
	Total des rôles émis en 1871............	1,875	"	(3) 550	"	(3) 700	"			(3) 312	"			313	"			
	Ordonnances de décharge ou de réduction délivrées du 1er janvier 1871 au 31 mars 1872.....	50	"	10	"	25	"			5	"			10	"			
	Montant définitif des titres............	1,825	"	540	"	675	"			307	"			303	"			
1871. 8 mars.	*Rama (Pierre)*.........	12	"	4	"	4	"			"	"			4	"			
12 avril.	*Chicot (Louis)*.........	4	20	2	80	"	"			"	"			1	40			
27 mai.	*Loris (Jacques)*........	8	"	8	"	"	"			"	"			"	"			
"	*Las (René)*............	7	"	"	"	"	"			3	50			3	50			
28 oct.	*Divers prestataires libérés en nature*............	1,708	"	498	"	650	"			301	"			259	"			
8 déc.	*Tibaut (Jacques)*.......	62	"	18	"	15	"			"	"			29	"			
	Total des recouvrements au 31 mars 1871............	1,801	20	530	80	669	"			04	50			296	90			
	Restes à recouvrer, à reporter à l'exercice 1871............	23	80	9	20	6	"			2	50			6	10			

(2) Les ressources appplicables aux frais généraux, tels que remises des percepteurs, impressions, confection des rôles, salaire des cantonniers, traitement des agents voyers, etc. etc. ressortiront dans l'une des colonnes affectées aux chemins vicinaux ordinaires.

(3) Ces chiffres sont déterminés par l'arrêté du préfet fixant les contingents.

RECETTE.

(1) Désignation des produits.

(2) Y compris la contribution des propriétés de l'État et de la Couronne.

(1) *Produit des 5 centimes spéciaux.* (2)

DATES de la réception des titres et du recouvrement des ressources.	INDICATION des titres de recette et des parties.	MONTANT des titres et des recouvrements.		RÉPARTITION DES RESSOURCES ENTRE LES DIVERS CHEMINS auxquels elles sont applicables.																OBSERVATIONS.
				Chemins de grande communication.						Chemins d'intérêt commun.				Chemins vicinaux ordinaires (3)				
				N° 3.		N° 5.		N° .		N° 8.		N° .		Réseau subventionné.		Réseau non subventionné.		
1	2	3		4		5		6		7		8		9		10		11
		fr.	c.	fr.	c.	fr.	c.	fr.	c.	fr.	c.	fr.	c.	fr.	c.	fr.	c.	
1871.																		
2 janv.	*Rôle primitif*..........	*612*	″	*204*	″	*204*	″			*102*	″			*102*	″			
18 juill.	*Rôle supplémentaire*......	*24*	″	*8*	″	*8*	″			*4*	″			*4*	″			
	Total des produits pour 1871............	*636*	″	(4) *212*	″	(4) *212*	″			(4) *106*	″			*106*	″			
25 mars.	*Reçu du receveur des finances*	*150*	″															
28 juin.	*Idem*................	*150*	″															
27 sept.	*Idem*................	*200*	″															
29 déc.	*Idem*................	*100*	″															
8 mars 1872.	*Idem*................	*36*	″															
	Total des recouvrements..........	*636*	″	*212*	″	*212*	″			*106*	″			*106*	″			

(3) Les ressources applicables aux frais généraux, tels que remises des percepteurs, impressions, confection des rôles, salaire des cantonniers, traitement des agents voyers, etc. etc. ressortiront dans l'une des colonnes affectées aux chemins vicinaux ordinaires.

(4) Ces chiffres sont déterminés par l'arrêté du préfet fixant les contingents.

DÉPENSE.

(1) Désignation des crédits ouverts.

(1) *Emploi du rôle de prestations.*

DATES des PAYEMENTS.	DÉSIGNATION DES CRÉDITS et des parties prenantes.	MONTANT DES CRÉDITS et des payements effectués.		SOMMES PAYÉES OU VERSÉES POUR LE COMPTE DES CHEMINS. Chemins de grande communication. N° 3.		N° 5.		N°		Chemins d'intérêt commun. N° 8.		N°		Chemins vicinaux ordinaires. Réseau subventionné.		Réseau non subventionné.		OBSERVATIONS.
1	2	3		4		5		6		7		8		9		10		11
		fr.	c.	fr.	c.	fr.	c.	fr.	c.	fr.	c.	fr.	c.	fr.	c.	fr.	c.	
	CRÉDITS.																	
	Montant des crédits ouverts par le budget primitif..........	1,700f																
	Montant des crédits ouverts par le budget supplémentaire.......	100																
	Montant des crédits ouverts par autorisation du 5 mars 1872..	25																
	Totaux.......	1,825	″	(2) 540	″	(2) 675	″			(2) 307	″			303	″			
	PAYEMENTS.																	
6 avril.	Pierrot (Pierre), charron..	5	00	″	″	″	″			″	″			5	″			Mémoire.
28 oct.	Divers prestataires libérés en nature.............	1,708	00	498	″	650	″			301	″			259	″			
29 nov.	Versé au receveur des finances	22	30	14	80	4	″			3	50			″	″			
30 déc.	Idem,...............	33	00	18	″	15	″			″	″			″	″			
″	Lami (Louis), surveillant..	26	00	″	″	″	″			″	″			26	″			État de journées.
	Total des payements effectués au 1er mars 1871...........	1,794	30	530	80	669	″			304	50			290	″			
	Reste à dépenser.....	30	70	9	20	6	″			2	50			13	″			

(2) Ces chiffres sont déterminés par l'arrêté du préfet fixant les contingents; il y a lieu de déduire toutefois les non-valeurs.

DÉPENSE.

(1) Désignation des crédits ouverts. (1) *Contingents pour les chemins de grande communication et d'intérêt commun, imputables sur les revenus ordinaires ou sur le produit des centimes spéciaux.*

DATES des PAYEMENTS.	DÉSIGNATION DES CRÉDITS et des parties prenantes.	MONTANT DES CRÉDITS et des payements effectués.		SOMMES PAYÉES OU VERSÉES POUR LE COMPTE DES CHEMINS — Chemins de grande communication. N° 3.		N° 5.		N°		Chemins d'intérêt commun. N° 8.		N°		Chemins vicinaux ordinaires. Réseau subventionné.		Réseau non subventionné.		OBSERVATIONS.
1	2	3		4		5		6		7		8		9		10		11
		fr.	c.	fr.	c.	fr.	c.	fr.	c.	fr.	c.	fr.	c.	fr.	c.	fr.	c.	
	CRÉDITS.																	
	Montant des crédits ouverts. *Budget primitif...*	500f																
	Budget supplémentaire.........	10																
	Autorisation de...	20																
	Totaux......	530	"	(2) 212	"	(2) 212	"			(2) 106	"							
	PAYEMENTS.																	
30 sept.	*Versé au receveur des finances.............*	424		212	"	212	"											
30 déc.	*Idem...............*	106								106	"							
	Total des payements..	530		212	"	212	"			106	"							

(1) Ces chiffres sont déterminés par l'arrêté du préfet fixant les contingents.

DÉPENSE.

(1) Désignation des crédits ouverts. (1)

DATES des PAYEMENTS.	DÉSIGNATION DES CRÉDITS et des parties prenantes.	MONTANT DES CRÉDITS et des payements effectués.		SOMMES PAYÉES OU VERSÉES POUR LE COMPTE DES CHEMINS. Chemins de grande communication.						Chemins d'intérêt commun.				Chemins vicinaux ordinaires.				OBSERVATIONS.
				N° 3.		N° 5.		N°		N° 8.		N°		Réseau subventionné.		Réseau non subventionné.		
1	2	3		4		5		6		7		8		9		10		11
		fr.	c.	fr.	c.	fr.	c.	fr.	c.	fr.	c.	fr.	c.	fr.	c.	fr.	c.	
	CRÉDITS.																	

DÉPARTEMENT
d

ARRONDISSEMENT
d

PERCEPTION

Modèle n° 67.

Art. 233
de l'Instruction générale.

Art. 132
du Règlement.

SERVICE VICINAL.

Commune d

CARNET
DES ORDONNANCES DE DÉGRÈVEMENTS
SUR PRODUITS AFFÉRENTS
AUX CHEMINS VICINAUX.

(1) Désignation des produits. (1)

DATE de la réception des ordonnances.	DATE de l'emploi des ordonnances.	NUMÉRO des ordonnances.	MONTANT total de chaque ordonnance.	NOMS des contribuables.	NUMÉROS des articles de rôles que les ordonnances concernent.	MONTANT des ordonnances par contribuable.	EMPLOI DES ORDONNANCES.											REMBOURSEMENTS FAITS AUX CONTRIBUABLES DES EXCÉDANTS DE VERSEMENT MENTIONNÉS DANS LA COLONNE N° 17.			OBSERVATIONS.
							Déductions opérées sur les ordonnances pour cotes irrécouvrables à raison du payement fait par les redevables.	IMPUTATION DU MONTANT DES ORDONNANCES (Après les déductions mentionnées ci-contre.)													
								Aux restes à payer sur les taxes dues.													
								Chemins de grande communication.			Chemins d'intérêt commun.		Chemins vicinaux ordinaires.		Aux sommes restant dues pour frais de poursuites.	Portion des ordonnances à porter en compte : Excédants de versements sur produits communaux.	TOTAL de l'emploi égal au montant des ordonnances.	DATE des remboursements.	Sommes remboursées.	Signature des contribuables tenant lieu de duplicata de quittance.	
								N°	N°	N°	N°	N°	Réseau subventionné.	Réseau non subventionné.							
1	2	3	4	5	6	7	8	9	10	11	12	13	14	15	16	17	18	19	20	21	22
																					Les colonnes 9 à 18 ne seront remplies que sur la communication faite par le préfet de sa décision portant imputation des non-valeurs.

DÉPARTEMENT
d

ARRONDISSEMENT
d

PERCEPTION
d

EXERCICE 18 .

MODÈLE N° 68.

Art. 234
de l'Instruction générale.

Art. 133
du Règlement.

SERVICE VICINAL.

COMMUNE d

COMPTE

PRÉSENTÉ PAR M. RECEVEUR MUNICIPAL

POUR

LES RESSOURCES ET LES DÉPENSES DE L'EXERCICE 18 .

A. — *Ressources applicables à l'exercice 18 .*

Numéros des articles du budget	Numéros des articles du compte de gestion	Désignation des ressources	Montant des produits d'après les titres et actes	A déduire : Réductions et décharges	Fixation définitive	Répartition entre les divers chemins des ressources portées colonne 6. Chemins de grande communication n°	n°	n°	Chemins d'intérêt commun n°	n°	n°	Chemins vicinaux ordinaires. Réseau subventionné.	Réseau non subventionné.	Observations.
1	2	3	4	5	6	7	8	9	10	11	12	13	14	15
		Report des exercices antérieurs :												
		1° Solde en caisse au 31 mars 18												
		2° Restes à recouvrer à la clôture de l'exercice précédent :												
		Prestations..........												
		Souscriptions.........												
		Total du report des exercices antérieurs..												
		Exercice 18 .												
		Allocations sur les revenus ordinaires de la commune d (1)												
		Prestations acquittées { en nature.												
		Prestations acquittées { en argent.												
		Centimes spéciaux ordinaires............ (Art. 2 et 13 de la loi du 21 mai 1836.) (Art. 14 de la loi du 21 mai 1836.)												
		Centimes spéciaux extraordinaires.......... (Art. 3 de la loi du 24 juillet 1837.)												
		Impositions extraordinaires :												
		1° Pour remboursement d'emprunt.........												
		2° Pour												
		Coupes de bois.......												
		Cession et ventes de terrains; produits divers.												
		Subventions industrielles acquittées { en nature.												
		Subventions industrielles acquittées { en argent. (Art. 14 de la loi du 21 mai 1836.)												
		Souscriptions particulières acquittées { en nature.												
		Souscriptions particulières acquittées { en argent.												
		Emprunts { à la caisse des chemins vicinaux....												
		Emprunts { à d'autres caisses...												
		Subventions de l'État...												
		Subventions du département............												
		Totaux........												

(1) On comprendra dans ces ressources notamment les sommes que les communes prélèveraient sur leurs revenus ordinaires pour le payement des remises du receveur municipal sur opérations vicinales, des impressions, frais de confection de rôle, salaire des cantonniers, traitement des agents voyers.

B. — *Dépenses faites du 1er janvier 18   au 31 mars 18   sur l'exercice 18   .*

NUMÉROS DES ARTICLES		DÉSIGNATION DES CRÉDITS OUVERTS.	CRÉDITS OUVERTS par les budgets primitifs et supplémentaires et par des autorisations spéciales.	MONTANT des dépenses effectuées.	RÉPARTITION ENTRE LES DIVERS CHEMINS DES DÉPENSES PORTÉES COLONNE 5.								(1) RESTES à payer à reporter à l'exercice suivant.	(1) CRÉDITS annulés faute d'emploi.
					Chemins de grande communication			Chemins d'intérêt commun			Chemins vicinaux ordinaires.			
du budget	du compte de gestion.				n° .	n° .	n° .	n° .	n° .	n° .	Réseau subventionné.	Réseau non subventionné.		
1	2	3	4	5	6	7	8	9	10	11	12	13	14	15
		TOTAUX												

(1) Le receveur municipal devra consulter le maire et l'agent voyer cantonal avant de remplir ces deux colonnes.

C. — *Détail de l'emploi des ordonnances de décharge ou de réduction.*

DÉSIGNATION DES RESSOURCES.	MONTANT DES DÉCHARGES ou réductions. (Col. 5 du tableau A.)	RÉPARTITION ENTRE LES DIVERS CHEMINS DU MONTANT DES ORDONNANCES EMPLOYÉES.								OBSERVATIONS.
		Chemins de grande communication			Chemins d'intérêt commun			Chemins vicinaux ordinaires.		
		n° .	n° .	n° .	n° .	n° .	n° .	Réseau subventionné.	Réseau non subventionné.	
1	2	3	4	5	6	7	8	9	10	11
TOTAUX										

D. — *Détail des payements effectués du 1er janvier 1871 au 31 mars 1872.*

NUMÉRO de l'article du compte.	DATE des PAYEMENTS.	DÉSIGNATION DES PARTIES.	INDICATION sommaire de l'objet de la dépense.	MONTANT des sommes payées à chaque partie prenante.	RÉPARTITION ENTRE LES DIFFÉRENTS CHEMINS DES SOMMES PAYÉES. Chemins de grande communication			Chemins d'intérêt commun			Chemins vicinaux ordinaires.		OBSERVATIONS.
					n°	n°	n°	n°	n°	n°	Réseau subventionné.	Réseau non subventionné.	
1	2	3	4	5	6	7	8	9	10	11	12	13	14
		TOTAUX........											

E. — *Balance du compte.*

	CHEMINS DE GRANDE COMMUNICATION			CHEMINS D'INTÉRÊT COMMUN			CHEMINS VICINAUX ordinaires.		TOTAL GÉNÉRAL.	OBSERVATIONS.
	n°	n°	n°	n°	n°	n°	Réseau subventionné.	Réseau non subventionné.		
1	2	3	4	5	6	7	8	9	10	11
TOTAL des ressources (col. 6 à 13 du tabl. A).										
TOTAL des dépenses (col. 5 à 12 du tabl. B).										
EXCÉDANT de ressources.......										
DÉTAIL DE L'EXCÉDANT DE RESSOURCES.										
Somme restant en caisse au 31 mars 18 ..										
Sommes restant à recouvrer au 31 mars 18 .										
TOTAL ÉGAL à l'excédant de ressources.										

VU et VÉRIFIÉ sur pièces par le receveur des finances qui déclare le présent compte exact.

A , le 18 .

Le Receveur soussigné affirme véritable le présent compte de gestion.

A , le 18 .

Le Receveur municipal,

CHAPITRE VII.

COMPTABILITÉ DU PRÉFET.

MINISTÈRE
DE L'INTÉRIEUR.

DÉPARTEMENT
d

Modèle n° 60 A.

Art. 244
de l'Instruction générale.

Art. 143
du Règlement.

SERVICE VICINAL.

LIVRE DE COMPTABILITÉ DU PRÉFET.

Exercice 18 .

CHEMINS D

CONTINGENTS A RECOUVRER
EN ARGENT, TITRES DÉLIVRÉS, RECOUVREMENTS EFFECTUÉS,
ORDONNANCES ET MANDATS DÉLIVRÉS
POUR L'ENSEMBLE DES CHEMINS D .

OPÉRATIONS.			MONTANT des contingents et autres ressources à recouvrer en argent.	TITRES DE PERCEPTION.									MONTANT DES			OBSERVATIONS.
				NUMÉROS		NOMS ET DEMEURE DES DÉBITEURS.										
NUMÉROS.	DATES.	NATURE.		des titres de perception.	correspondant au compte des opérations de chaque ligne.	Noms.	Demeure.	NATURE des ressources à recouvrer.	SOMMES dues par chaque débiteur.	SOMMES afférentes à chaque ligne.	NUMÉROS des lignes.	MONTANT de chaque titre.	RECOUVREMENTS effectués.	ORDONNANCES délivrées, non comprises celles relatives aux mandats réordonnancés.	MANDATS délivrés, non compris les mandats réordonnancés.	
1	2	3	4	5	6	7	8	9	10	11	12	13	14	15	16	17

MINISTÈRE
DE L'INTÉRIEUR.

DÉPARTEMENT
d

Modèle n° 69 B.

SERVICE VICINAL.

Exercice 18 .

CHEMINS D

MONTANT, PAR CHEMIN,

DES SUBVENTIONS ALLOUÉES, DES CONTINGENTS, DES TITRES,

DES RECOUVREMENTS ET DES MANDATS DÉLIVRÉS,

DES RESSOURCES PRÉVUES ET EMPLOYÉES, ET DES NON-VALEURS.

OPÉRATIONS.			CONTINGENTS ET OFFRES COMMUNAUX ET PARTICULIERS ET PRODUITS DIVERS EN ARGENT.												
				MONTANT DES TITRES DE PERCEPTION DÉLIVRÉS											
					Prestations dues en argent à défaut										
NUMÉROS.	DATES.	NATURE.	Montant des contingents et autres ressources à recouvrer.	Revenus ordinaires des communes et affectation sur le budget ordinaire.	d'option.	d'exécution.	Cotisations spéciales.	Emprunts.	Impositions extraordinaires.	Coupes de bois, vente de terrains, produits divers extraordinaires.	Subventions industrielles.	Souscriptions particulières.	TOTAL.	Montant des recouvrements effectués.	Montant des mandats délivrés.
1	2	3	4	5	6	7	8	9	10	11	12	13	14	15	16

FONDS DÉPARTEMENTAUX ET DE L'ÉTAT.								NON-VALEURS.				OBSERVATIONS.
SOUS-CHAPITRE V.		SOUS-CHAPITRE		SOUS-CHAPITRE		SOUS-CHAPITRE						
Crédits.	Montant des mandats délivrés.	Crédits.	Montant des mandats délivrés.	Crédits.	Montant des mandats délivrés.	Crédits.	Montant des mandats délivrés.	Montant des ordonnances sur ressources spéciales aux chemins de grande communication n°	NOMS DES COMMUNES dont une partie des prestations a été admise en non-valeurs au détriment du chemin de grande communication n°	ORIGINE des fonds.	MONTANT des non-valeurs.	
17	18	19	20	21	22	23	24	25	26	27	28	29

MINISTÈRE
DE L'INTÉRIEUR.

DÉPARTEMENT
d

MODÈLE N° 69 C.

SERVICE VICINAL.

EXERCICE 18 .

CHEMINS D   COMMUN.

RELEVÉ DES TITRES

RESTANT A DÉLIVRER A LA CLÔTURE DE L'EXERCICE.

Numéros des chemins.	NOMS DES DÉBITEURS.	DEMEURE DES DÉBITEURS.	MONTANT DES TITRES RESTANT À DÉLIVRER PAR DÉBITEURS.										PAR LIGNE vicinale.	MOTIFS QUI SE SONT OPPOSÉS À la délivrance des titres.	OBSERVATIONS.
			Revenus ordinaires et affectation sur le budget ordinaire.	Prestations rachetées à défaut		Centimes spéciaux.	Emprunts.	Impositions extraordinaires.	Coupe de bois, vente de terrains, produits divers.	Subventions industrielles.	Souscriptions particulières.	TOTAL.			
				d'option.	d'exécution.										
1	2	3	4	5	6	7	8	9	10	11	12	13	14	15	16

MINISTÈRE
DE L'INTÉRIEUR.

DÉPARTEMENT
d

MODÈLE N° 69 D.

SERVICE VICINAL.

EXERCICE 18

CHEMINS DE GRANDE COMMUNICATION ET D'INTÉRÊT COMMUN.

PRESTATIONS.

NOMS DES COMMUNES	PRESTATIONS APPLICABLES AUX CHEMINS DE GRANDE COMMUNICATION ET D'INTÉRÊT COMMUN.						PRESTATIONS EFFECTUÉES EN NATURE.					PRESTATIONS À RECOUVRER EN ARGENT par suite de non-exécution.				TITRES DE PERCEPTION.			RÉSERVÉ PROVISOIREMENT POUR FAIRE AUX NON-VALEURS et aux remises municipales.		OBSERVATIONS.
	Grande communication.			Intérêt commun.			DATES de la réception de l'état n° 8.	Grande communication.		Intérêt commun.		Grande communication.		Intérêt commun.		Nos des chemins.	MONTANT.		Grande communication.	Intérêt commun.	
	Nos des chemins.	Nature par suite d'option.	Argent à défaut d'option.	Nos des chemins.	Nature par suite d'option.	Argent à défaut d'option.		Nos des chemins.	MONTANT.	Nos des chemins.	MONTANT.	Nos des chemins.	MONTANT.	Nos des chemins.	MONTANT.		Grande communication.	Intérêt commun.			
1	2	3	4	5	6	7	8	9	10	11	12	13	14	15	16	17	18	19	20	21	22

MINISTÈRE
DE L'INTÉRIEUR.

DÉPARTEMENT
d

MODÈLE N° 69 E.

SERVICE VICINAL.

EXERCICE 18 .

RÉDUCTIONS ET NON-VALEURS

SUR

RESSOURCES APPLICABLES AUX CHEMINS DE GRANDE COMMUNICATION

ET D'INTÉRÊT COMMUN.

DÉCISIONS OU ORDONNANCES.				NOMS OU QUALITÉS DES DÉBITEURS.	DEMEURE DES DÉBITEURS.	NATURE DES SOMMES DUES.	MOTIFS de L'ADMISSION EN NON-VALEURS.	MONTANT DES NON-VALEURS sur ressources afférentes aux chemins		NUMÉROS des TITRES DE PERCEPTION rédigés.		NUMÉROS DES CHEMINS auxquels s'appliquent les non-valeurs.		NUMÉROS CORRESPONDANT AU compte particulier de chaque ligne.		OBSERVATIONS.
NUMÉROS.	DATES.															
	Années.	Mois.	Jours.					de grande communication.	d'intérêt commun.	Grande communication.	Intérêt commun.	Grande communication.	Intérêt commun.	Grande communication.	Intérêt commun.	
1	2	3	4	5	6	7	8	9	10	11	12	13	14	15	16	17

MINISTÈRE
DE L'INTÉRIEUR.

DÉPARTEMENT
d

MODÈLE N° 69 F.

SERVICE VICINAL.

EXERCICE 18 .

DÉGRÈVEMENTS

ACCORDÉS

SUR RESSOURCES APPLICABLES A LA PETITE VICINALITÉ

ET SUR L'ENSEMBLE DES PRESTATIONS.

ORDONNANCES DE DÉGRÈVEMENT.				NOMS ET QUALITÉS des DÉBITEURS.	MONTANT DES DÉGRÈVEMENTS.				MONTANT DES DÉGRÈVEMENTS provenant de prestations applicables aux chemins		NUMÉROS DES CHEMINS de grande communication et d'intérêt commun auxquels s'appliquent les non-valeurs.		OBSERVATIONS.
Numéros.	Dates. Années.	Mois.	Jours.		Prestations.	Souscriptions.	Autres produits.	TOTAL.	de grande communication. (1)	d'intérêt commun. (1)	De grande communication. (1)	D'intérêt commun. (1)	(1) Les colonnes 10 et 11 ne seront remplies qu'en fin d'exercice.
1	2	3	4	5	6	7	8	9	10	11	12	13	14
				COMMUNE D									
				COMMUNE D									
				COMMUNE D									

ORDONNANCES DE DÉGRÈVEMENT.				NOMS ET QUALITÉS des DÉBITEURS.	MONTANT DES DÉGRÈVEMENTS.				MONTANT DES DÉGRÈVEMENTS provenant de prestations applicables aux chemins		NUMÉROS DES CHEMINS de grande communication et d'intérêt commun auxquels s'appliquent les non-valeurs.		OBSERVATIONS.
Numéros.	Dates. Années.	Mois.	Jours.		Prestations.	Souscriptions.	Autres produits.	TOTAL.	de grande communication. (1)	d'intérêt commun. (1)	De grande communication. (1)	D'intérêt commun. (1)	(1) Les colonnes 10 et 11 ne seront remplies qu'en fin d'exercice.
1	2	3	4	5	6	7	8	9	10	11	12	13	14
				COMMUNE D									
				COMMUNE D									
				COMMUNE D									

MINISTÈRE
DE L'INTÉRIEUR.

DÉPARTEMENT
d

ARRONDISSEMENT
d

SOUS-CHAPITRE

Article

MODÈLE N° 70.

Art. 245
de l'Instruction générale.

Art. 144
du Règlement.

Format : 0,21 sur 0,31.

SERVICE VICINAL.

EXERCICE 18 .

PRODUITS ÉVENTUELS.

Le Préfet du département d
en vertu du Règlement général sur les chemins vicinaux,

ARRÊTE :

M. le Trésorier Payeur général des finances d
fera les diligences nécessaires pour le recouvrement de la somme énoncée dans l'état ci-après, s'élevant à
et applicable aux chemins d

NOMS DES DÉBITEURS.	DEMEURE DES DÉBITEURS.	NATURE DES RESSOURCES à centraliser.	SOMMES A CENTRALISER			OBSERVATIONS.
			par DÉBITEUR.	PAR LIGNE VICINALE. Numéros des chemins.	Montant.	
1	2	3	4	5	6	7
		A reporter...		......		

NOMS des débiteurs.	DEMEURE des débiteurs.	NATURE des ressources à centraliser.	SOMMES A CENTRALISER par débiteur.	SOMMES A CENTRALISER par ligne vicinale. Numéros des chemins.	SOMMES A CENTRALISER par ligne vicinale. Montant.	OBSERVATIONS.
1	2	3	4	5	6	7
		Report......				
		Totaux.....		......		

Cette somme sera portée en recette au compte des produits éventuels départementaux de l'exercice 18 (section, §).

Fait à , le 18 .

Le Préfet d ,

CHAPITRE VIII.

COMPTABILITÉ DU TRÉSORIER PAYEUR GÉNÉRAL.

MINISTÈRE
DE L'INTÉRIEUR.

DÉPARTEMENT
d

Modèle n° 71.

Art. 249
de l'Instruction générale.

Art. 148
du Règlement.

SERVICE VICINAL.

LIVRE

DE

COMPTABILITÉ DU TRÉSORIER PAYEUR GÉNÉRAL.

FONDS

DESTINÉS AUX CHEMINS D COMMUN.

ÉPOQUES DES DÉBITS.		MOTIFS DU DÉBIT DU COMPTE.	NOMS DES ARRONDISSEMENTS de perception.	MONTANT des titres DE PERCEPTION.	TOTAUX des titres DE PERCEPTION.
MOIS.	DATES.				
1	2	3	4	5	6

ÉPOQUES DES CRÉDITS.		MOTIFS DU CRÉDIT DU COMPTE.	NOMS des arrondissements de perception dans lesquels les recouvrements ont été faits.	MONTANT des recouvrements.
MOIS.	DATES.			
7	8	9	10	11

MINISTÈRE
DE L'INTÉRIEUR.

DÉPARTEMENT
d

MODÈLE n° 72.

Art. 151
de l'instruction générale.

Art. 150
du Règlement.

SERVICE VICINAL.

EXERCICES 18 ET 18 .

CHEMINS D COMMUN.

SITUATION AU 18

DES RECOUVREMENTS A FAIRE

ET

DE CEUX EFFECTUÉS AU PROFIT D CHEMIN D COMMUN

ET DÉTAIL, PAR LIGNE VICINALE,

DES RECETTES OPÉRÉES PENDANT LE MOIS D

FAIT ET DRESSÉ par nous, Trésorier Payeur général.

A le 18 .

SITUATION DES RECOUVREMENTS.

NATURE DES PRODUITS.	EXERCICE 18 .					EXERCICE 18 .			TOTAL des recouvrements de l'année sur les deux exercices.
	MONTANT des titres de perception.	RECOUVREMENTS FAITS en 18 .	RECOUVREMENTS FAITS en 18 .	RECOUVREMENTS FAITS TOTAUX.	RESTE à recouvrer.	MONTANT DES titres de perception.	MONTANT DES recouvrements faits.	RESTE à recouvrer.	
1	2	3	4	5	6	7	8	9	10
TOTAUX........................									

DÉTAIL, PAR LIGNE DE VICINALITÉ, DES RECETTES EFFECTUÉES.

DÉNOMINATION DES LIGNES VICINALES.	MONTANT DES RECETTES.				OBSERVATIONS.
	EXERCICE 18 . Recettes éventuelles.	EXERCICE 18 . Remboursements d'avances.	EXERCICE 18 . Recettes éventuelles.	EXERCICE 18 . Remboursements d'avances.	
11	12	13	14	15	16
TOTAL..................					

MINISTÈRE
DE L'INTÉRIEUR.

DÉPARTEMENT
d

MODÈLE N° 73.

Art. 251
de l'Instruction générale.

Art. 250
du Règlement.

Format : 0m,21 sur 0m,31.

SERVICE VICINAL.

EXERCICES 18 ET 18 .

CHEMINS DE GRANDE COMMUNICATION ET D'INTÉRÊT COMMUN.

RELEVÉ DES RECOUVREMENTS

EFFECTUÉS PENDANT LE MOIS D 18 ,

SUR

LES PRODUITS ÉVENTUELS

DESTINÉS AUX DÉPENSES DES CHEMINS DE GRANDE COMMUNICATION

ET D'INTÉRÊT COMMUN.

FAIT et DRESSÉ par nous, Trésorier Payeur général.

A , le 18 .

1° EXERCICE 18					
DATE des recouvrements. 1	N°s des titres. 2	DÉSIGNATION des produits recouvrés. 3	NOMS des parties versantes. 4	DATE des arrêtés ou titres. 5	MONTANT des recouvrements. 6
		1° CHEMINS DE GRANDE COMMUNICATION.			
		Totaux des recouvrements du mois			
		Rappel des recouvrements des mois antérieurs			
		Totaux			
		2° CHEMINS D'INTÉRÊT COMMUN.			
		Totaux des recouvrements du mois			
		Rappel des recouvrements des mois antérieurs			
		Totaux			

2° EXERCICE 18					
DATE des recouvrements. 7	N°s des titres. 8	DÉSIGNATION des produits recouvrés. 9	NOMS des parties versantes. 10	DATE des arrêtés ou titres.	MONTANT des recouvrements. 11
		1° CHEMINS DE GRANDE COMMUNICATION.			
		Totaux des recouvrements du mois			
		Rappel des recouvrements des mois antérieurs			
		Totaux			
		2° CHEMINS D'INTÉRÊT COMMUN.			
		Totaux des recouvrements du mois			
		Rappel des recouvrements des mois antérieurs			
		Totaux			

MINISTÈRE
DE L'INTÉRIEUR.

DÉPARTEMENT
d

Modèle n° 74.

Art. 252
de l'Instruction générale.

Art. 151
du Règlement.

Format : 0m,21 sur 0m,31.

SERVICE VICINAL.

Exercice 18 .

CHEMIN COMMUN.

ÉTAT

DES RESTES A RECOUVRER,

A LA CLÔTURE DE L'EXERCICE 18 ,

SUR LES PRODUITS DE CET EXERCICE.

Fait et dressé par nous, Trésorier Payeur général.

A , le 18 .

DÉSIGNATION DES FONDS.	TITRES DE PERCEPTION auxquels se rattachent les restes à recouvrer. Date des titres.	Nature des titres.	DÉSIGNATION des débiteurs.	MONTANT des RESTES à recouvrer.	MOTIFS qui SE SONT OPPOSÉS au recouvrement.	INDICATION par le préfet DES RESTES À RECOUVRER. Reliquats à passer en non-valeurs.	Reliquats à mettre à la charge du comptable.	RESTES À RECOUVRER à reporter à l'exercice suivant.	OBSERVATIONS.
1	2	3	4	5	6	7	8	9	10
				fr. c.		fr. c.	fr. c.	fr. c.	
	Totaux.....................				....				

MINISTÈRE
DE L'INTÉRIEUR.

DÉPARTEMENT
d

Modèle n° 75.

Art. 254
de l'Instruction générale.

Art. 153
du Règlement.

Format : $0^m,21$ sur $0^m,31$.

SERVICE VICINAL.

Exercice 18 .

CHEMIN D COMMUN.

SITUATION

A LA CLÔTURE DE L'EXERCICE 18 .

Fait et dressé par nous, Trésorier Payeur général.

A , le 18 .

NUMÉROS des exercices.	RESTANT à l'expiration de l'exercice précédent		EXERCICE 18[illegible]						EXCÉDENT à la clôture de l'exercice		
	des recouvrements sur les mandats délivrés.	des mandats délivrés sur les recouvrements.	Montant des titres de perception émis sur l'exercice ou reportés de l'exercice précédent.	Montant des sommes admises en non-valeurs.	Reste net à recouvrer sur l'exercice.	Montant des sommes recouvrées ou mises à la charge du comptable.	Montant, non compris les mandats réordonnancés, des mandats délivrés.	impayés.	des titres sur les recouvrements. (Col. 6, col. 7.)	des recouvrements sur les mandats délivrés. (Col. 7, col. 8.)	des mandats délivrés sur les recouvrements. (Col. 8, col. 7.)
1	2	3	4	5	6	7	8	9	10	11	12
Totaux.											

PRODUITS ÉVENTUELS.

FONDS DÉPARTEMENTAUX ET DE L'ÉTAT.

[illegible]			[illegible]			[illegible]			[illegible]			OBSERVATIONS.
Montant des crédits.	Montant des mandats délivrés.	impayés.	Montant des crédits.	Montant des mandats délivrés.	impayés.	Montant des crédits.	Montant des mandats délivrés.	impayés.	Montant des crédits.	Montant des mandats délivrés.	impayés.	
[illegible]	14	15	16	17	18	19	20	21	22	23	24	25

MINISTÈRE
DE L'INTÉRIEUR.

DÉPARTEMENT
d

MODÈLE N° 76.

Art. 254
de l'Instruction générale.

Art. 153
du Règlement.

Format : 0m,21 sur 0m,31.

SERVICE VICINAL.

EXERCICE 18 .

CHEMIN D COMMUN

BORDEREAU DES MANDATS IMPAYÉS

A LA CLÔTURE DE L'EXERCICE 18 .

BUDGET DÉPARTEMENTAL.		NOMS DES PARTIES.	MANDATS.			NUMÉROS des CHEMINS.	OBSERVATIONS.
Sous-chapitre.	Article.		NUMÉROS.	DATES.	MONTANT.		
1	2	3	4	5	6	7	8

CHAPITRE IX.

INVENTAIRES.

MINISTÈRE
DE L'INTÉRIEUR.

MODÈLE N° 77 A.

Art. 257
de l'Instruction générale.

Art. 156
du Règlement.

Format : $0^m,23$ sur $0^m,34$.

SERVICE VICINAL.

DÉPARTEMENT d

Service de { la circonscription d
l'arrondissement d
l'agent voyer en chef.

INVENTAIRE.

1re PARTIE.

OUTILS ET MACHINES

DE CONSTRUCTION ET D'ENTRETIEN APPARTENANT AU SERVICE

INVENTAIRE (1re PARTIE).

OUTILS ET MACHINES DE CONSTRUCTION ET D'ENTRETIEN.

DATE DE L'INSCRIPTION sur l'inventaire.	DÉSIGNATION DE L'AGENT qui a fait l'acquisition, et numéro du carnet.	NUMÉRO D'ORDRE.	DÉSIGNATION des OUTILS OU MACHINES.	DESCRIPTION SOMMAIRE; CARACTÈRE DISTINCTIF DE L'OUTIL OU DE LA MACHINE et dimensions des principales parties.	ORIGINE des OUTILS ET MACHINES.	DATE DE L'ENTRÉE dans le service.	VALEUR PRIMITIVE.	IMPUTATION de LA DÉPENSE (a).	LIEU DE DÉPÔT.	OBSERVATIONS.
1	2	3	4	5	6	7	8	9	10	11
										(a) Désigner le chemin de grande communication ou d'intérêt commun.

MINISTÈRE
DE L'INTÉRIEUR.

MODÈLE N° 77 B.

SERVICE VICINAL.

DÉPARTEMENT d

Service de { la circonscription d
l'arrondissement d
l'agent voyer en chef.

INVENTAIRE.

2ᴱ PARTIE.

INSTRUMENTS DE NIVELLEMENT

ET DE LEVÉ DE PLANS ET INSTRUMENTS OU APPAREILS DE PRÉCISION

DE NATURE QUELCONQUE APPARTENANT AU SERVICE.

INVENTAIRE (2e PARTIE).

INSTRUMENTS DE NIVELLEMENT ET DE LEVÉ DE PLANS ET INSTRUMENTS OU APPAREILS DE PRÉCISION.

DATE DE L'INSCRIPTION sur l'inventaire. 1	DÉSIGNATION DE L'AGENT qui a fait l'acquisition, et numéro du carnet. 2	NUMÉRO D'ORDRE par série. 3	DÉSIGNATION DES INSTRUMENTS OU APPAREILS. 4	DESCRIPTION SOMMAIRE : CARACTÈRES DISTINCTIFS DES INSTRUMENTS ET DIMENSIONS de leurs principales parties. 5	ORIGINE DES INSTRUMENTS. 6	DATE DE L'ENTRÉE dans le service. 7	VALEUR PRIMITIVE. 8	IMPUTATION DE LA DÉPENSE (a). 9	LIEU DE DÉPÔT. 10	OBSERVATIONS. 11
										(a) Désigner le chemin de grande communication ou d'intérêt commun.

MINISTÈRE
DE L'INTÉRIEUR.

MODÈLE N° 77 C.

SERVICE VICINAL.

DÉPARTEMENT d

Service de { la circonscription d
l'arrondissement d
l'agent voyer en chef.

INVENTAIRE.

3e PARTIE.

MOBILIER DES BUREAUX.

INVENTAIRE (3e PARTIE).

MOBILIER DES BUREAUX.

DATE de l'inscription sur l'inventaire.	DÉSIGNATION de l'agent qui a fait l'acquisition et numéro du compte.	NUMÉROS d'ordre.	DÉSIGNATION des objets.	DESCRIPTION SOMMAIRE ET DIMENSIONS PRINCIPALES.	ORIGINE.	DATE de l'entrée dans le service.	VALEUR primitive.	IMPUTATION de la dépense.	LIEU DE DÉPÔT.	OBSERVATIONS.
1	2	3	4	5	6	7	8	9	10	11

MINISTÈRE
DE L'INTÉRIEUR.

MODÈLE N° 77 D.

SERVICE VICINAL.

DÉPARTEMENT d

Service de { la circonscription d
l'arrondissement d
l'agent voyer en chef.

INVENTAIRE.

4e PARTIE.

LIVRES, CARTES ET DESSINS
APPARTENANT AU SERVICE.

INVENTAIRE (4e PARTIE).

LIVRES, CARTES ET DESSINS.

DATE de l'inscription sur l'inventaire.	DÉSIGNATION du service qui a fait l'acquisition et [illegible] du [illegible].	NUMÉROS d'ordre.	DÉSIGNATION des livres, cartes et dessins.	DESCRIPTION SOMMAIRE : nombre de volumes, format, etc., dimensions des cartes, dessins, etc.	ORIGINE.	DATE de l'entrée dans le service.	VALEUR primitive.	IMPUTATION de la dépense.	LIEU DE DÉPÔT.	OBSERVATIONS.
1	2	3	4	5	6	7	8	9	10	11

SERVICE VICINAL.

Service { de l'arrondissement d
de l'agent voyer en chef.

MODÈLE N° 78.

Art. 261
de l'Instruction générale.

Art. 160 du Règlement.

Format : $0^m,16$ sur $0^m,31$.
(Oblong.)

JOURNAL

DES DÉPLACEMENTS DES OBJETS PORTÉS SUR LES INVENTAIRES.

SERVICE VICINAL.

DÉPARTEMENT

Mouvements des objets portés sur les inventaires.

Numéro d'ordre du journal :

Date :

Nom de la partie tenant l'inventaire :

Nom de la partie à laquelle les objets doivent être délivrés :

NUMÉROS de l'inventaire. 1	DÉSIGNATION DES OBJETS. 2

SERVICE VICINAL. — INVENTAIRES.

SERVICE VICINAL.

DÉPARTEMENT
d

CIRCONSCRIPTION
OU
ARRONDISSEMENT
d

MOUVEMENTS

DES OBJETS PORTÉS SUR L'INVENTAIRE.

M. H.... est autorisé à remettre à M. L.... les objets ci-après désignés :

NUMÉROS D'ORDRE du journal. 1	NUMÉROS D'ORDRE de l'inventaire. 2	DÉSIGNATION DES OBJETS. 3

A le 18

L'Agent voyer

SERVICE VICINAL. — INVENTAIRES.

Je soussigné L...

déclare avoir reçu les objets désignés ci-contre.

A , le 18 .

Le soussigné, chargé de la tenue de l'inventaire, déclare que les objets désignés dans le récépissé ci-dessus lui ont été rendus.

A , le 18 .

MINISTÈRE
DE L'INTÉRIEUR.

DÉPARTEMENT
d

Service de { la circonscription d / l'arrondissement d / l'agent voyer en chef.

SERVICE VICINAL.

MODÈLE N° 79.
Art. 262 de l'Instruction générale.
Art. 161 du Règlement.
Format : $0^m,23$ sur $0^m,34$.

BULLETIN ANNUEL

Des objets portés sur l'inventaire, mis hors de service ou ne pouvant plus être utilisés, et dont la vente ou la radiation est proposée.

NUMÉROS D'ORDRE de l'inventaire.	INDICATION DES OBJETS.	VALEUR D'ACHAT.	VALEUR ACTUELLE.	LIEU DE DÉPÔT.	OBSERVATIONS.
1	2	3	4	5	6

www.ingramcontent.com/pod-product-compliance
Lightning Source LLC
LaVergne TN
LVHW020622060726
842526LV00003B/828
9782019923754